novas buscas em educação

VOL. 18

CIP-Brasil. Catalogação-na-Publicação
Câmara Brasileira do Livro, SP

L698c
Lima, Lauro de Oliveira, 1921-
A construção do homem segundo Piaget : uma teoria da educação / Lauro de Oliveira Lima. — São Paulo : Summus, 1984.
(Novas buscas em educação; v. 18)

Direção da coleção: Fanny Abramovich.
Bibliografia.

1. Educação — Filosofia 2. Piaget, Jean, 1896-1980 3. Psicologia educacional I. Abramovich, Fanny. III. Título.

84-0660

CDD-370.1
-370.15

Índices para catálogo sistemático:

1. Educação : Filosofia 370.1
2. Educação : Teorias 370.1
3. Educação piagetiana 370.1
4. Psicologia educacional 370.15

A CONSTRUÇÃO DO HOMEM SEGUNDO PIAGET
(UMA TEORIA DA EDUCAÇÃO)

LAURO DE OLIVEIRA LIMA

A CONSTRUÇÃO DO HOMEM SEGUNDO PIAGET
(uma teoria da educação)
Copyright © 1984
by Lauro de Oliveira Lima

Capa de:
Edith Derdyk

Direção da Coleção:
Fanny Abramovich

Proibida a reprodução total ou parcial
deste livro, por qualquer meio e sistema,
sem o prévio consentimento da Editora.

Direitos desta edição
reservados por
SUMMUS EDITORIAL LTDA.
Rua Itapicuru, 613 – 7º andar
05006-000 – São Paulo, SP
Tel.: (11) 3872-3322
Fax: (11) 3872-7476
http://www.summus.com.br
e-mail: summus@summus.com.br

Impresso no Brasil

NOVAS BUSCAS EM EDUCAÇÃO

Esta coleção está preocupada fundamentalmente com um aluno vivo, inquieto e participante; com um professor que não tema suas próprias dúvidas; e com uma escola aberta, viva, posta no mundo e ciente de que estamos chegando ao século XXI.

Neste sentido, é preciso repensar o processo educacional. É preciso preparar a pessoa para a vida e não para o mero acúmulo de informações.

A postura acadêmica do professor não está garantindo maior mobilidade à agilidade do aluno (tenha ele a idade que tiver). Assim, é preciso trabalhar o aluno como uma pessoa inteira, com sua afetividade, suas percepções, sua expressão, seus sentidos, sua crítica, sua criatividade...

Algo deve ser feito para que o aluno possa ampliar seus referenciais do mundo e trabalhar, simultaneamente, com todas as linguagens (escrita, sonora, dramática, cinematográfica, corporal, etc.).

A derrubada dos muros da escola poderá integrar a educação ao espaço vivificante do mundo e ajudará o aluno a construir sua própria visão do universo.

É fundamental que se questione mais sobre educação. Para isto, deve-se estar mais aberto, mais inquieto, mais vivo, mais poroso, mais ligado, refletindo sobre o nosso cotidiano pedagógico e se perguntando sobre o seu futuro.

É necessário nos instrumentarmos com os processos vividos pelos outros educadores como contraponto aos nossos, tomarmos contato com experiências mais antigas mas que permanecem inquietantes, pesquisarmos o que vem se propondo em termos de educação (dentro e fora da escola) no Brasil e no mundo.

A coleção *Novas Buscas em Educação* pretende ajudar a repensar velhos problemas ou novas dúvidas, que coloquem num outro prisma, preocupações irresolvidas de todos aqueles envolvidos em educação: pais, educadores, estudantes, comunicadores, psicólogos, fonoaudiólogos, assistentes sociais e, sobretudo, professores... Pretende servir a todos aqueles que saibam que o único compromisso do educador é com a dinâmica e que uma postura estática é a garantia do não-crescimento daquele a quem se propõe educar.

Obras do Autor

Dinâmica de Grupo (Editora Vozes)
Os Mecanismos da Liberdade (Editora Polis)
Uma Escola Piagetiana (Paidéia)
A Juventude Como Motor da História (Paidéia)
Piaget para Principiantes (Summus Editorial)
Tecnologia: Educação e Democracia (Civilização Brasileira)
Mutações em Educação Segundo McLuhan (Editora Vozes)
A Escola no Futuro (Liv. José Olympio Editora)
Escola Secundária Moderna (Forense Universitária)
Por Que Piaget? (SENAC)
Educação Pela Inteligência (revista) Paidéia
Pedagogia: Reprodução ou Transformação (Editora Brasiliense)
Conflitos no Lar e na Escola (Zahar Editores)
Formação do Professor Primário (Editora do Professor)
Impasse na Educação (Editora Vozes)
Escola Secundária Popular (Ed. Universitária — Fortaleza)
O Enfant Sauvage de Illich numa Sociedade sem Escolas (Editora Vozes)
Educación por la Inteligencia (Editorial Humanitas — Buenos Aires)
Educar para la Comunidad (idem)
Estórias da Educação no Brasil — de Pombal a Passarinho (Editora Brasília)
Introdução à Pedagogia (Editora Brasiliense)

ÍNDICE

Prefácio 13
Introdução 17
Construtivismo seqüencial: explicação unitária dos fenômenos vitais 21
O processo educativo orienta-se pela interação do organismo com o meio 23
Estruturação regida pela auto-regulação: construção seqüencial 25
"Não há estrutura sem gênese, nem gênese sem estrutura" .. 27
"A afetividade é a energética, a forma e a inteligência" 29
Educar é criar situações que levam o educando a acomodações 32
"No começo já estava a resposta" 34
O comportamento processa-se por repetição, reconhecimento e generalização 37
O condicionamento é uma forma primitiva de inteligência 40

O desenvolvimento visa a aumentar as possibilidades de sobrevivência 43

"O desenvolvimento é uma embriologia das formas de comportamento" 46

"O conhecimento é uma atividade" 50

O processo educativo é um processo de criação e conhecimento 53

O Eu é o *feedback* do objeto e o objeto é o *feedback* do Eu .. 56

Os esquemas estruturam-se para aplicar-se a situações e objetos diversos 59

Educar é estimular a criatividade 62

Em vez de gravar soluções, promoção da criatividade global . 65

Uma visão biológica da educação 68

Um método psico e sociogenético de educação 71

As metas do processo educativo só são alcançadas através de longo processo genético 74

A lenta revelação da realidade à criança e à humanidade 77

Amorização da lógica e logicização do amor 80

"É preciso malhar o ferro enquanto está em brasa" 83

Condições socioculturais podem determinar o nível de desenvolvimento mental possível 86

Os quatro fatores de desenvolvimento mental 88

"A pedagogia é a arte de construir a sociedade" 90

A vida mental tem raízes bioquímicas 92

"A juventude é o motor da História" 94

As possibilidades de reconstrução biológica, psicológica e sociológica 96

A longa gestação psicossociológica: quanto mais complexo o animal, mais longa deve ser sua embriologia 98

O sensoriomotor: alicerce das construções posteriores 100

Função semiótica: a representação do real 102

A descoberta dos símbolos 104

A representação estática, em forma de configurações 106

Agrupamentos: primeiras estruturas lógicas elementares 108

A construção da hipótese e a abertura para todos os possíveis 110

A construção do conhecimento científico 112

O pensamento lógico-matemático é a meta final do desenvolvimento mental 114

A socialização é um mecanismo e o resultado do desenvolvimento mental 116

Pode-se conceber a "população" como um ente em que os indivíduos são os elementos constitutivos 118

A genialidade, muitas vezes, explica-se por feliz síntese de conhecimentos resultante da interação 120

A democracia é um fator de estimulação do desenvolvimento mental, na medida em que se baseia na discussão 122

"A idade da graça social e a revolução copernicana do eu" . 124

A revolução permanente depende da maneira como as crianças são criadas 126

A fissão do clã familiar é tão importante em sociologia quanto a fissão do átomo na tecnologia 128

Reaparecimento do lazer e do *homo ludens*: a alegria de viver 130

A história da humanidade tem sido uma longa disputa entre o trabalho e a festa 132

A cooperação é uma meta tanto psicológica, quanto sociológica e política 134

A sobrevivência, ao nível das necessidades biológicas, é a plenitude das possibilidades operativas do ser humano 136

O destino do homem são as estrelas 138

Verificação do nível de desenvolvimento mental 140

Avaliação como validação do trabalho escolar 146

Volumes Publicados 151

À memória de Maria Elisabeth (minha querida Beinha), a companheira que me deu amor, segurança e uma escolinha para experimentar a viabilidade pedagógica das idéias de Jean Piaget.

PREFÁCIO

Este livro se insere no pequeno números de obras da literatura científica atual que procura estabelecer os fundamentos de uma nova Ciência do Homem, alargando os limites arcaicos e anticientíficos de concepção antropológica e psicossociológica institucionalizada. Piaget, o *grand-savant*, precursor de uma nova visão de mundo, e, provavelmente, o maior pensador do século XX, não só pela vastidão e amplitude de sua obra, mas, principalmente, pelas conseqüências biopsicossociológicas que dela decorrem, é aqui dissecado, exposto e operacionalizado por Lauro, seu epígono, com toda sua exuberância intelectual. A descoberta, por Piaget, de que o desenvolvimento mental do homem tem como fulcro um construtivismo dialético, cujas estruturas possuem bases biológicas, é tão importante para a Psicologia, quanto a revelação do código genético o foi para a Biologia. Ambos os eventos representam saltos epistemológicos que pela sua universalidade permitem nova síntese do conhecimento, nova mudança de paradigma. Utilizando o funcionamento dos sistemas biológicos como modelo de sua tecnologia educacional, Lauro consegue ampliar a ruptura das Ciências Humanas, atingindo, mortalmente, o campo da Educação estabelecido, revelando-nos toda uma visão biológica do processo de criação do conhecimento ("É preciso ver no desenvolvimento dos comportamentos sensoriomotores, verbais e mentais, mero prosseguimento da embriologia iniciada na vida uterina e a continuação do processo evolutivo que se iniciou, de alguma forma, na construção de um protozoário, numa época perdida no tempo"). Na concepção de Lauro, educar é provocar situações de desafio, capazes de conduzir a desequilibrações e reequilibrações sucessivas das estruturas mentais auto-reguladoras, em desenvolvimento. As análises piagetianas de Lauro aprofundam-se a ponto de, em determinados trechos, nos descobrirmos mergulhados em pleno terreno de considerações psiquiátricas, como quando descreve a descoberta dos símbolos pela criança. Sua análise do período intuitivo no desenvolvimento mental (de 4/5 a 7/8 anos), com sua inteligência "dura" característica, sem flexibilidade capaz de permitir a reversibilidade, a associatividade, etc., impedindo a criança de se socializar e tornando-a incapaz de colocar-se no ponto de vista do outro, nos traz à mente as considerações psicanalíticas de Hélio Pellegrino: "A conquista da consciência autêntica consiste na construção da possibilidade, radicalmente humana, de abrir-se ao Outro para respeitá-lo e aceitá-lo em sua condição alteritária. Consciência e Liberdade neste ponto confluem e se confundem". O desenrolar da leitura nos faz sentir, conforme atingimos as explicações referentes ao nível de desenvolvimento lógico-formal, a proximidade das aquisições piagetianas com as neurociências, como por exemplo nesta citação de Piaget: "As estruturas lógico-matemáticas prolongam, mais estreitamente do que parece, o funcionamento organizador geral comum a toda estrutura vivente, pelo fato mesmo de este funcionamento estar presente na ação e no sistema nervoso..." Esta forma de compreensão da vida mental tendente para a logicização e a matematização (pensamento hipotético-dedutivo ou lógico-formal) também foi observada pelo brilhante neurofisiologista inglês W. Grey Walter que afirma não ser uma coincidência trivial o processamento neural da experiência ser realizado por meio de classificações de observações, desenvolvimento e testagens de hipóteses através de experimentos (processo estocástico: estimação progressiva de probabilidades e ajustamento de propósito). Para ele, "o método científico é a deliberada formalização dos mecanismos intrínsecos de computação cerebral", tal como na teoria piagetiana. Lembramos ainda que as equilibrações majorantes por meio de auto-regulação das estruturas cognitivas inserem-se no contexto mais amplo da auto-organização dos sistemas biológicos, demonstrando, mais uma vez, a confluência da teoria piagetiana e do método educacional Lauro de Oliveira Lima, com o funcionamento geral dos seres vivos.

DR. FRANCISCO DI BIASE

Neurocirurgião, chefe do departamento de pós-graduação e extensão universitária da Fundação Educacional Rosemar Pimentel (FERP).

INTRODUÇÃO

Para Jean Piaget, o desenvolvimento mental é um processo dialético (construção) regido pelas equilibrações (auto-regulação). É uma embriologia, funcionalmente, isomorfa à construção do embrião, prosseguindo com o mesmo modelo, na sociogênese. Consiste na construção de *estruturas* (por exemplo, de classificação, de seriação, de partição, de deslocamento, de grupo, de rede, etc.). Estas estruturas estão para o comportamento (motor, verbal e mental), como os órgãos, para o funcionamento biológico. São estratégias de apreensão e de organização do real. Segundo ele, todos os processos vitais (biológicos, psicológicos e sociológicos) comportam-se da mesma forma, por mais diversificadas que sejam as estruturas ("a função é invariante: o que varia são as estruturas"). O processo vital — sendo um sistema aberto — caracteriza-se pela *assimilação* (incorporação de elementos do meio à estrutura do organismo). Diante das dificuldades de assimilação (resistência do meio), o organismo modifica-se (acomodação) para continuar a assimilar. A adaptação ao meio é uma equilibração entre a assimilação e a acomodação. Sempre que a assimilação e a acomodação se equilibram, dá-se uma *majorância* (aumento da capacidade do organismo de enfrentar o meio). Para Piaget, a evolução resultou, também, desta auto-regulação. A própria adaptação fenotípica terminaria por atingir o genoma ("o comportamento como motor da evolução"). Esta hipótese, como se vê, opõe-se frontalmente ao neodarwinismo (evolução como resultante de mutações aleatórias seguidas de seleção natural).

A auto-regulação está presente em todos os fenômenos da natureza e não poderia, evidentemente, estar ausente da evolução. A equilibração é *majorante* (as reequilibrações produzem ultrapassagens e constroem novas estruturas: morfogênese). Piaget, de certa forma, antecipou-se à *cibernética* e à *teoria dos sistemas*. Para ele, todas as formas novas (biológicas, psicológicas e sociológicas) resultam de combinações de elementos preexistentes, combinação que funciona como um processo dialético (indiferenciação — diferenciação — integração).

A inteligência, em última análise, é uma combinatória de movimentos ("no começo está a ação"). A combinação das ações (ação direta × ação inversa = reversibilidade) produz a inteligência sensoriomotora. As ações terminam formando "agrupamentos" que se implicam, mutuamente (grupos e redes matemáticos). O pensamento é a atividade sensoriomotora interiorizada, fato que dá à ação ampla flexibilidade para as mais complexas combinações. A combinação das estruturas já realizadas (reiniciando o processo dialético) produz novas estruturas (a estrutura de classificação, combinando-se com a de seriação, produz a numeração). As combinações são reguladas pela equilibração. Como as estruturas mantêm-se por auto-regulação, só a *desadaptação* (agressão do meio, resistência do meio à assimilação, problemas, etc.) produz a *majorância* (aumento da "competência": desenvolvimento mental), o que deve ter ocorrido, também, com a criação de novas formas biológicas (o fenótipo gerado como resposta à agressão do meio entra em interação com o genoma, produzindo mudanças genéticas). Como se vê, uma ecologia estável não produz desequilíbrios que forcem reequilibrações, isto é, recombinações (criação de novas estruturas). *O processo educativo, portanto, consiste em criar, artificialmente, desequilíbrios que levem a inteligência a se desenvolver.*

A equilibração é uma lei geral do universo, encontrada em toda parte, na física, na química e na biologia (homeostase). Para Piaget, é, também, a lei geral da psicogênese e da sociogênese. O desenvolvimento biopsicossociológico resulta de um conflito (processo dialético) entre a assimilação e a acomodação, o que vale, também, para o desenvolvimento científico (ver *Psychogenèse et histoire des sciences*, Piaget et García, Flammarion, Paris). Um moderno filósofo explicita isto afirmando que "é preciso agudizar os conflitos". Toda evolução foi a superação de obstáculos. Por isto K. Lorenz diz: "Ai das crianças que não sofrem frustrações..."

Desta forma, Piaget sugere, implicitamente, mudar, radicalmente, a pedagogia: em vez de fazer dela uma "facilitação", transformar a educação num "desafio" (desequilibração).

Com isto extingue-se a função de "ensinar": a missão do mestre é propor situações que estimulem a atividade reequilibradora do educando ("ninguém educa ninguém: é o próprio aluno que se educa"). De majorância em majorância, o ser humano vai-se construindo, tanto psicogenética, como sociogeneticamente.

Para Piaget, o fulcro do desenvolvimento mental é a *socialização*, pois a relação humana é, fundamentalmente *conflitual* (síntese de singularidades): chegar ao *acordo* (democracia) é a majorância máxima. Daí, a privação da participação (interação) ser o máximo de usurpação, na medida em que suprime um processo básico de desenvolvimento individual. A democracia é o próprio processo sociogenético, donde se deduzir que Ortega y Gasset tem razão quando diz que "a pedagogia é a arte de modificar a sociedade".

Este ensaio é uma leitura da obra de Jean Piaget do ponto de vista *de sua aplicação ao processo educacional*. Como educador, não temos grande interesse na discussão das nuanças epistemológicas de suas reflexões (campo em que se digladiam os filósofos), nem

19

nas discussões acadêmicas que deliciam os que não assumem a responsabilidade de prestar, através da ciência, um *serviço à comunidade*. Como diz Marx, é hora de "transformar o mundo" e não de, simplesmente, conhecê-lo. Tomamos J. Piaget, como um criador de animais tomaria um zoólogo: J. Piaget nos interessa na medida em que suas descobertas sugerem mudanças no *processo educacional*. Daí buscarmos em sua obra as "grandes linhas", como por exemplo, os mecanismos de equilibração e de majorância que subvertem tudo que se acreditava, até hoje, sobre como se realiza, psicologicamente, a "aprendizagem" (conceito, aliás, que J. Piaget modifica, radicalmente). Dirigimo-nos, pois, aos educadores que têm uma tarefa a realizar junto a seus alunos. Pensamos na imensa massa de estudantes massacrados, nas escolas, por processos traumatizantes (e pensamos em termos do "estudante epistêmico", para mostrar que, por trás da variada tipologia individual, existe uma forma fundamental de aprender que transcende à casuística em que resvalou a atual pedagogia). Não tem sido fácil extrair das sofisticadas pesquisas de Jean Piaget e de suas teorias abrangentes sugestões para a prática pedagógica (método psicogenético). Os que a isto se têm dedicado, quase sempre, simplesmente, transpõem para a sala de aula os modelos usados por J. Piaget, no laboratório (donde a divulgação do que os incautos tomam por "testes de Piaget"). Os acadêmicos (esta fauna de "nobres" que, em vez de fazer "guerra", dançam minuetos de peruca empoada e lencinhos de renda) consideram isto "deturpar Piaget", como se os produtores de energia atômica estivessem "deturpando Einstein" ($E=cm^2$)!... Ora, J. Piaget, sem pretender denunciou, por exemplo, o violento massacre que a sociedade faz com as crianças proletárias (impedir seu desenvolvimento mental): os acadêmicos, jamais, imaginariam esta "extrapolação" das teorias de J. Piaget...

CONSTRUTIVISMO SEQÜENCIAL: EXPLICAÇÃO UNITÁRIA DOS FENÔMENOS VITAIS (BIOLÓGICOS, PSICOLÓGICOS E SOCIOLÓGICOS).

1. Todas as disciplinas científicas que servem de embasamento ao processo educativo, da biologia à antropologia e da psicologia à cibernética, sofreram, nos últimos tempos, fundamental transformação, na maneira de interpretar os fenômenos vitais, em particular, e os fenômenos sociais, em geral. Superados o grosseiro empirismo e o misterioso inatismo, os fatos ligados ao homem passaram a ser compreendidos dentro de um contexto *construtivista seqüencial*, em que cada estádio comporta uma estrutura resultante das interações internas e externas que encontram em si mesmas os processos de auto-regulação, em nível progressivamente mais móvel e mais estável (majorância). Esta maneira de ver os fatos biológicos, psicológicos e sociais, por sua vez, modifica, profundamente, as *teorias de educação* até hoje em voga, vez que descentra o objetivo da educação de modelos e objetivos apriorísticos para o próprio processo de desenvolvimento. A educação passa a

ser, simplesmente, a estimulação de processos já em curso, no organismo (assimilação × acomodação = adaptação), processo de caráter probabilístico (interação entre as estruturas preexistentes e as imposições do meio). O educador não pode intrometer-se, neste processo, funcionando como o "técnico do time de futebol"... O papel do educador é garantir que os desequilíbrios estejam sempre presentes, levando o organismo a construir novas estruturas. Assim como a democracia consiste nas relações mútuas dos cidadãos (e não nas relações do cidadão com o ditador), da mesma forma, em educação, a função do educador é promover as relações entre os educandos (dinâmica de grupo), levando o aluno à plena *autonomia* intelectual, física e moral, o que, em última análise, é uma preparação para a democracia.

Os anglo-saxões são preformistas (neodarwinismo), em biologia, e lamarkianos (behaviorismo), em psicologia, a mesma contradição existindo na URSS, entre a reflexologia (Pavlov) e o marxismo. Todos os fenômenos humanos são, no fundo, fenômenos biológicos, de modo que a explicação biológica reflete-se em todos os níveis. Jean Piaget (epistemólogo) propõe uma única explicação para todos os fenômenos da vida.

O PROCESSO EDUCATIVO ORIENTA-SE PELA INTERAÇÃO DO ORGANISMO COM O MEIO.

2. Estando a educação ligada, estreitamente, aos fenômenos de interação do indivíduo com o meio, todas as constatações científicas dos processos de interação entre o organismo e o meio são, basicamente, decisivas para a construção de uma *teoria de educação*. Ora, até hoje, as teorias de educação partem de um dos dois pressupostos básicos, mais ou menos, identificáveis: a) de um *inatismo* preformista de que a crença nas "faculdades mentais" é o exemplo mais frisante ou b) de um *empirismo* mecanicista de que o "conhecimento cópia" é a conseqüência mais grave. A partir do primeiro (inatismo), temos um processo educativo baseado na estimulação que visa à atualização das potencialidades do indivíduo. Baseado no segundo (condutismo), temos um processo educativo centrado, exclusivamente, na *aprendizagem* (*learning*). De uma forma ou de outra, todo processo educativo baseia-se no prêmio e castigo, travestido de "verificação da aprendizagem" (exames, diplomas, etc.), prova de que não é o processo espon-

tâneo que deveria ser. Se retirássemos das mãos dos educadores o poder de premiar e castigar, o sistema escolar viria abaixo...

Entre os educadores existe grande confusão com respeito à explicação que informa sua prática e reflexão: a chamada "psicologia dos dons" e a crença nas "faculdades mentais" (apriorismo) convivem, tranqüilamente, com explicações e práticas behavioristas, como "instrução programada" e "engenharia humana" (empirismo). Ora, segundo Jean Piaget, só existem três posições epistemológicas, entre as quais deve ser feita a escolha sobre as relações do sujeito com o objeto *(organismo e meio): a) predominância do sujeito (apriorismo);* b) predominância do objeto *(empirismo);* c) interação equilibratória entre o sujeito e o objeto *(estruturalismo fixista ou construtivista). A escolha de uma destas posições epistemológicas determina concepções de educação equivalentes. É impressionante a falta de definição epistemológica das teorias de educação, apesar de o processo educativo decorrer destas posições: a) o organismo (mente) já traz suas estruturas pré-formadas (inatismo)? b) O organismo (mente) retira seu comportamento do meio (behaviorismo)? c) O comportamento sensoriomotor, verbal e mental resultam de uma interação entre o organismo e o meio (construtivismo)? Ora, cada uma destas posições epistemológicas produz uma* pedagogia diferente! *Skinner, por exemplo, baseia o comportamento verbal em reflexos condicionados, ao passo que Chomsky defende um "núcleo básico" inato que rege o funcionamento da linguagem. Piaget nega as duas posições: a linguagem é mero "detalhe semiótico" que se apóia na "lógica das ações" e nas operações. Como é possível, pois, dissertar sobre educação, sem decidir antes qual destas três é a realidade do funcionamento da linguagem?!...*

ESTRUTURAÇÃO REGIDA PELA AUTO-REGULAÇÃO:
construção seqüencial.

3. Ora, as ciências humanas que informam o processo educativo chegam, hoje, à conclusão de que toda relação indivíduo-meio, ao longo da ontogênese e da filogênese, comporta um processo estruturador nos dois pólos (indivíduo-meio) que leva a uma organização seqüencial regida pela "lei das totalidades" em que os processos de auto-regulação vão das rígidas reestruturações "gestálticas" aos mais elevados processos lógico-matemáticos. Esta maneira de ver os fenômenos biológicos, psicológicos e sociológicos modifica, drasticamente, o papel da percepção, da memória, da aprendizagem, do exercício, da inteligência, da motivação, da afetividade, das relações interindividuais, *no processo educativo*. Sendo a *relação* o motor do processo vital, o fenômeno educativo vem a confundir-se com o próprio processo de *socialização*, donde se deduz toda uma concepção nova de educação. O mais grave é que esta estruturação hoje, não é privativa dos fenômenos biológicos (ver I. Prigogine, *La Nouvelle Alliance*, Gallimard,

Paris): a matéria, também, se organiza por equilibração (ver *Entre le cristal et la fumée*, Henri Atlan, Seuil, Paris. O cristal e a fumaça). O universo está em permanente construção de novas formas, o indivíduo e a sociedade são casos particulares dos processos cósmicos ("o caos gera a ordem").

Onde quer que se observe o Real (fenômenos), encontramos sempre estruturas (totalidades, conjuntos, sistemas) regidas pelos processos de equilibração (autoregulação — "o equivalente mecânico da finalidade"). Todo sistema pode vir a ser um subconjunto de um sistema maior. Quem diz "estruturação", diz "interação entre as partes" e a interação entre as partes é, sempre, um processo dialético. A convivência das partes, num todo, é, simplesmente uma construção. O real (físico, químico, biológico, psicológico, sociológico, etc.) resulta de uma construção (processo dialético). Já não se fala em física, por exemplo, na "harmonia das esferas": tudo está em construção "cada vez mais móvel e mais estável". O desenvolvimento da criança e a construção da sociedade é, também, um processo dialético de construção de estruturas de complexidade crescente: nada está pré-formado e nada é imposto ao organismo e à sociedade, sem um compromisso entre a assimilação e a acomodação (acordo = adaptação). Piaget sintetiza isto dizendo: "não há estrutura sem gênese, nem gênese sem estrutura", isto é, tudo que está organizado transforma-se e tudo que se transforma já estava organizado e, neste processo, há sempre majorância (aperfeiçoamento, ultrapassagem, salto qualitativo). É daí que se deve tirar uma teoria da educação.

"NÃO HÁ ESTRUTURA SEM GÊNESE, NEM GÊNESE SEM ESTRUTURA."

Jean Piaget

4. Segundo esta maneira de ver, o organismo é um "sistema aberto" detentor de uma "lógica de estrutura" muito complicada, própria para assegurar a autonomia do ser face à agressão do meio, submetendo-se sempre à auto-regulação que leva à maior adaptação através da "extensão do meio". Neste sentido, encontramos os seres vivos (entre os quais o homem), sempre, em algum estádio de auto-regulação, quer do ponto de vista sincrônico (ontogênese), quer do ponto de vista diacrônico (filogênese). Temos, pois, que modificar o conceito de maturação, no sentido de que toda estrutura tem um processo genético e toda gênese comporta uma estrutura. A educação baseada no treinamento e na exercitação supõe uma sociedade estática e um organismo vazio, quando tudo é *transformação*. O educador é, apenas, um espectador que estimula um processo que já encontra em curso.

O que faltou ao estruturalismo clássico de Lévi-Strauss foi a noção de construção (processo dialético). Ora, um sistema (totalidade) que se estrutura através de processos, progressivamente, mais complexos de auto-regulação (equilibrações) possui, necessariamente, níveis de equilíbrio (isto que os matemáticos chamam de "força da estrutura"). Nada mais exemplificativo de níveis de equilíbrio que o desenvolvimento (motor, verbal e mental) de uma criança. E como uma criança é, apenas, um "bárbaro" (um "homem natural" sem a influência cultural), pode-se imaginar que seu desenvolvimento mental representa o desenvolvimento da "população" (no sentido biológico) humana (filogênese). Os antropólogos, bizarramente, perderam a noção de evolução que, hoje, se estende à própria matéria (I. Prigogine) concebendo os grupos humanos como entes acabados "diferentes, mas equivalentes"! Não podem conceber adultos com mentalidade infantil, preferindo apelar para um "racismo" pelo avesso (seres diferentes). Não só os indivíduos, como as sociedades, podem frenar seu desenvolvimento, estacionando em períodos arcaicos. A gramática universal comum a todas as línguas (Chomsky) prova que os mecanismos mentais são idênticos em todos os seres humanos (não existe "pensamento oriental", como se diz): existem níveis de desenvolvimento mental. O pensamento resulta da "lógica das ações" e nem os antropólogos ousariam afirmar que as ações de certos grupos humanos são "diferentes"!...
As crianças, por exemplo, reproduzem, entre 3 e 6 anos, todos os mitos dos chamados "povos primitivos" e utilizam as "estruturas de parentesco" na forma sincrética, como aparece nos "povos selvagens". Os antropólogos não desconfiam que a criança é anterior ao adulto e que é o homem mais primitivo que existe (Piaget). O processo educacional não só das crianças, como dos adultos retardatários e dos chamados "povos primitivos", pois, deve basear-se nos estádios do desenvolvimento mental. Hoje, até os psiquiatras e terapeutas começam a aceitar este critério básico de encarar o ser humano.

"A AFETIVIDADE (tônus — esforço — motivo — impulso, etc.) É A ENERGÉTICA, A FORMA (modelo — estratégia, estrutura, etc.) É A INTELIGÊNCIA".

Jean Piaget

5. Sendo a vida, fundamentalmente, uma atividade auto-regulada, comporta uma *energética* (afetividade) e uma *forma* (inteligência, em todos os seus graus). As "formas de ação" (estratégias de comportamento) partem das montagens hereditárias que são formas dinâmicas ou funcionais, necessariamente, ligadas às formas estáticas ou anatômicas constituídas pela estrutura dos órgãos. Estas formas básicas, ao longo da ontogênese e da filogênese, através de sua atividade assimiladora, sofrem processos de acomodação (*feedback*) que levam à adaptação a níveis cada vez mais móveis e mais estáveis (percepção, hábitos, representação simbólica, centrações intuitivas, operações concretas, processos lógico-matemáticos), donde se conclui que o objetivo fundamental da educação é propiciar situações em que esta equilibração seqüencial seja possível. Toda atividade, em suas diversas formas (sensoriomotora, verbal e mental) supõe uma quantidade de energia ou "força" (afetividade): a afetividade é o motor, enquan-

to a inteligência é a estratégia da ação (não existe uma sem a outra). Mas, é a inteligência que regula a "vazão" energética, de modo que jamais a inteligência está ausente ("a inteligência é a forma superior de adaptação dos seres vivos" — Piaget). Quem separa afetividade de inteligência produz uma "esquizofrenia" (mata o doente para curá-lo). A educação, pois, compreende também a afetividade (regulação do fluxo energético e criação das escalas de valores). A educação da afetividade é a *dinâmica de grupo* (evolução entre os indivíduos) e o grau de *interesse* que a tarefa pedagógica desperta. Piaget estudou, exaustivamente, como se processam as relações entre os indivíduos (afetividade).

O processo de construção do comportamento (o ser humano não dispõe de instintos ou savoir inné) inicia-se com as montagens hereditárias (que não agem, ainda, coordenadamente). No processo de adaptação ao meio (assimilação), estas montagens sofrem acomodações progressivas (auto-regulações), produzindo as formas sucessivas (motoras, verbais e mentais) de comportamento (desenvolvimento da criança). O processo de auto-regulação é "majorante", isto é, produz regulações cada vez mais móveis, mais amplas e mais estáveis (equilibração majorante = neguentropia). Ora, em toda atividade (movimento) pode-se distinguir a energética (força impulsionadora) e a forma (ver, por exemplo, o "grupo dos deslocamentos" estudado por Poincaré). A afetividade, pois, está relacionada aos níveis de desenvolvimento da inteligência (níveis estratégicos de comportamento motor, verbal e mental). Não há afetividade sem inteligência (comportamento motor, verbal ou mental), nem inteligência sem afetividade (impulso, tônus, esforço, motivo, valores). É impressionante como toda literatura sobre a afetividade, na criança, gira em torno das relações arcaicas (uterinas) entre adultos e crianças, quando o problema é das rela-

ções das crianças entre si *(ver* Conflitos no lar e na escola, *Lauro de Oliveira Lima). A relação com adultos é, geneticamente, arcaica e uterina, pois o objetivo é levar a criança à* autonomia *("da anomia, pela heteronomia, para a autonomia" — é a fórmula de Piaget). As sociedades são em geral gerontocráticas (ver* Os mecanismos da liberdade, *Lauro de Oliveira Lima), dificultando o mais que pode a autonomia das novas gerações (o demagogo não é senão um gerontocrata que trata o povo como criança). Cada geração tem o direito de estabelecer suas próprias regras de convívio (moral, direito, política). A escola, em vez de alimentar o gerontocrata (o mestre "mandarim") deveria estimular o autogoverno para produzir a autonomia das novas gerações (deveria haver um limite além do qual os adultos não poderiam mais participar do governo da sociedade, da mesma forma como a escola deveria ser, progressivamente, entregue aos alunos).*

EDUCAR É CRIAR SITUAÇÕES QUE LEVEM O EDUCANDO A ACOMODAÇÕES (reequilibrações).

6. O fenômeno educativo só se torna possível pelo fato de todo organismo tender, espontaneamente, para a assimilação de seu meio, isto é, pelo fato de todo organismo ser levado a incorporar o meio a seus esquemas de ação e pelo fato de os esquemas de assimilação serem passíveis de acomodação (auto-regulação), isto é, de modificarem-se, em vista das situações exteriores a que eles se aplicam. O pressuposto fundamental da educação, pois, é a ação assimiladora do organismo e a maior ou menor plasticidade dos esquemas de assimilação. O processo educativo, portanto, funciona como variável colocada no meio para produzir determinado tipo de regulação na atividade do sujeito, o que significa que educação é uma auto-atividade do educador dependente de seus esquemas prévios. O professor deveria comportar-se como o sargento treinando os recrutas, numa pista de obstáculos! Sua função é simular situações que desafiem o educando, de acordo com seu nível de desenvolvimento. Não cabe ao professor determinar qual o

resultado (que é probabilístico), mas velar para que o "recruta" enfrente os obstáculos.

Se a condição de sobrevivência dos organismos (vida) é o permanente esforço de adaptação ao meio (equilibração majorante = neguentropia), o desenvolvimento mental (mecanismo de adaptação ao meio) depende de situações que exijam adaptação. A evolução dos seres vivos (ao contrário do que afirmam os neodarwinistas: mutações aleatórias e seleção natural) foi determinada pelo "esforço" do organismo (auto-regulação) de adaptar-se às agressões do meio (aumento do espaço vital e ampliação das condições de segurança). O desenvolvimento de uma criança não é senão uma "microevolução". Se alguém pretende interferir nesta "microevolução" (educação) deve adotar os mesmos processos que os organismos adotaram para evoluir (e aqui se verifica, meridianamente, como é absurda a concepção neodarwinista: ninguém, certamente, adotaria um processo educativo que se baseasse em mutações aleatórias e seleção natural). Os biólogos não atentaram, ainda, para o fato de o "aumento do conhecimento" (na criança e na humanidade) ser mera extensão do processo evolutivo (donde a importância de unificar a explicação do fenômeno vital). O processo vital (biopsicossociológico) é, naturalmente, majorante (evolução). A criança, frente a situações provocadoras adequadas a seu nível mental, espontaneamente constrói as estruturas mentais necessárias a superar os problemas (da mesma forma como ocorreu na evolução). É impressionante, por exemplo, como as crianças reconstroem a matemática, estrutura por estrutura, sem jamais serem "ensinadas" (o fracasso universal da aprendizagem da matemática decorre da pretensão de se querer "ensiná-la" aos alunos). O processo escolar deveria adotar o mesmo modelo do cientista, em suas pesquisas (redescoberta).

"NO COMEÇO JÁ ESTAVA A RESPOSTA"...
— o "estímulo" só estimula se
o organismo já estiver "sensibilizado".

7. A atividade do organismo, porém, não é aleatória ou browniana: visa, fundamentalmente, a alimentar os esquemas de assimilação (fome de estímulos), podendo, contudo, ser puramente funcional (ludicidade). Não é, pois, o estímulo (S) que leva o organismo à atividade (R), como se o organismo fosse uma "caixa vazia". É preciso que o organismo esteja "sensibilizado" (ativação dos esquemas de assimilação) para que "perceba" os estímulos, donde se dizer que "no começo estava a resposta" (ver fenômenos instintivos nos animais). A fórmula do comportamento, pois, não é S→R, mas, S→(AT)→R (ou: S⇌R) em que AT significa: assimilação (implicação) do estímulo S à estrutura T. Ora, desta forma, toda atenção do educador deve desviar-se dos "estímulos" e das *performances*, em si, para a observação do processo estruturador (AT) que varia de estádio para estádio, ao longo da ontogênese e da filogênese. A grande preocupação dos educadores modernos é diagnosticar os graus de "sensibilização" do

educando para determinados tipos de "aprendizagem". Nas escolas, por exemplo, ensina-se o sistema métrico em determinada série ou idade. Ora, no sistema métrico, existem "estímulos" que já podem ser dominados aos 6/7 anos (comprimento), outros que só serão dominados aos 8/9 anos (peso) e, finalmente, alguns que correspondem ao pensamento operatório abstrato (volume) que só aparecem a partir de 11/12 anos! Por aí se pode aquilatar a balbúrdia dos currículos e programas feitos a partir da lógica do sistema e não a partir do grau do desenvolvimento mental. Não é, pois, de admirar que parcela enorme de alunos fracassem na aprendizagem (os que triunfam, fazem-no, geralmente, mediante memorização, processo que se extingue pelo desuso).

A realidade (estímulos) apresenta-se a cada um de forma diferente, de acordo com o nível de desenvolvimento do indivíduo. A criança não precisa que o Juiz de Menores escolha os filmes a que ela pode assistir: a criança assimila do filme aquilo que corresponde a seu nível de desenvolvimento, pois, doutra forma, o real destruiria as frágeis estruturas mentais da criança (a sobrevivência das crianças não pode depender do maior ou menor cuidado dos juízes de menores). As bases teóricas da propaganda, por exemplo, precisam ser revistas, urgentemente!... "Um coelho que só come repolho não se transforma em repolho: é o repolho que se transforma em coelho..." — diz Piaget. *Não percebemos certos raios luminosos (infravermelho e ultravioleta) que nos atingem porque não temos receptores para captá-los (o mesmo ocorre com os limiares de todos os sentidos). Não se ensina nada, inteiramente, novo: toda "aprendizagem" é a modificação de uma estrutura já existente e, por sua vez, modifica a forma de perceber a experiência. Raro é o mestre que indaga o que o aluno já sabe para, sobre esta subestrutura pro-*

por a nova aprendizagem. Nada se aprende a partir da estaca zero! Trata-se de uma construção em que o tijolo seguinte apóia-se no anterior. Dever-se-ia eliminar do vocabulário pedagógico a expressão "estímulo", pois tudo começa no organismo (mente). É o organismo que busca o alimento e não o alimento que provoca a fome, no organismo. É imenso o mal que o behaviorismo fez ao progresso dos métodos pedagógicos. Milhares de professores ensinam ainda aos futuros mestres estas falsas noções sobre aprendizagem. O próprio pessoal de propaganda convenceu-se de que não se "força" alguém a comprar o que ele não deseja (fidelidade às marcas), devendo-se, antes, sondar o que o consumidor quer consumir... Como se vê, decidir antes o valor e a função do "estímulo" é decisivo para a prática pedagógica.

O COMPORTAMENTO (motor, verbal e mental) PROCESSA-SE POR REPETIÇÃO (funcionamento organizatório), RECONHECIMENTO (leitura auto-reguladora) E GENERALIZAÇÃO (equilibração majorante = acomodação).

Montagens hereditárias

8. A partir das montagens hereditárias (verificamos agora que não são tão estereotipadas e rígidas, como se supunha, outrora), os processos de assimilação--acomodação que presidem à adaptação do organismo ao meio apresentam três características básicas que são reencontradas em todos os estádios: a) *repetição*, em forma circular; b) *reconhecimento* (índices, sinais, símbolos e signos); c) *generalização* (*irradiação* — acomodação). Dada a universalidade biopsicossociológica destas características dos esquemas de ação, pode-se, a partir delas, elaborar todo *um processo didático* fundamentado na própria natureza da atividade vital, sem privilegiar, como se fez até agora, um dos aspectos da adaptação do ser ao mundo. Quando se propõe nova situação ao educando, seu organismo (mente) já está funcionando (repetição) com determinada estrutura. O problema, pois, é fazê-lo "receber" a nova situação (encontrar o esquema de assimilação) e provocar o

37

desequilíbrio que leva ao esforço de reequilibração (acomodação). O professor provoca uma "mudança ecológica" (para falar em termos de evolução — filogênese). O momento pedagógico deve corresponder, estritamente, a um impasse do processo evolutivo: provocar o "esforço" de superação.

Todo processo de auto-regulação supõe, como é óbvio, um sistema (totalidade organizada = estrutura), fato básico que os empiristas esquecem ("não há gênese sem estrutura": não há novos comportamentos a não ser a partir de certos comportamentos). Mas, um sistema não funciona no vazio (relacionamento com o meio). Se o meio representar uma ameaça para a sobrevivência do sistema, o organismo, ou perece, ou adapta-se (equilibração majorante). Para tomar conhecimento da ameaça e para conduzir a própria adaptação, o organismo precisa "ler" a situação e seu próprio comportamento adaptador (reconhecimento = concepção do real e consciência da própria ação), fenômeno corriqueiro nos processos de funcionamento automático (na geladeira, por exemplo). A adaptação é a generalização, isto é, as modificações do organismo (sem perder sua identidade) para fazer face à agressão do meio. Ora, se bem examinarmos o atual processo educativo, verificamos que está todo voltado para o "reconhecimento" (compreensão do real = conhecimento presentativo).. Não basta perceber a "ameaça" (recursos audiovisuais): é preciso "sentir" a situação como uma "ameaça" a si próprio (é por isto que a televisão quase não modifica o comportamento). Quase nenhum valor tem a informação (aula expositora, por exemplo), se ela não desequilibra a adaptação. Grande massa de informações perde-se por não atingir as estruturas mentais do indivíduo (o organismo tende a "rejeitar" as informações, como rejeita os transplantes). De nada adianta falar contra a religião a um religioso (no máximo, provocamos sua ira: se ele tiver poder não tergiversará em queimar o herege na fogueira). As estruturas mentais, depois de solidificadas, dificilmente, são desestruturadas, donde a improbabilidade de uma "educação de adultos" generalizada. A comunicação de massa mal arranha as estruturas de comportamento dos espectadores: as informações (processo semiótico) não produzem, necessariamente, mudanças de comportamento. A mudança de comportamento só se faz, como solução para uma "ameaça": foi assim, no processo evolutivo e, assim, deve ser, no processo pedagógico. A solução dada pelo educando deve, pois, ser respeitada por mais "errada" que possa parecer ao educador!...

O CONDICIONAMENTO É UMA FORMA PRIMITIVA DE INTELIGÊNCIA (inteligência curta = combinação simples).

9. No nível da ação humana, propriamente dita, a *repetição* apresenta-se como um processo circular de auto-regulação estruturadora ligado, diretamente, às cargas energéticas do organismo (afetividade). O *reconhecimento*, superando as direções determinadas por índices (instintos) e sinais (condicionamentos), chega à representação simbólica (interiorização) e aos sistemas convencionais de signos (linguagem socializada). A *generalização*, responsável pelo processo seqüencial, atinge, nos mais altos graus de desenvolvimento do organismo, a equilibração mental representada pela compreensão e pela explicação. O processo educativo, portanto, apesar de fundamentado nas estruturas biológicas, não pode ser reduzido a modelos próprios dos primeiros estádios de evolução filogenética (leis de aprendizagem dos animais). A "inteligência age cada vez mais à distância, no tempo e no espaço" (Piaget) e usa estratégias de complexidade crescente. Mas, tudo começou com os hábitos e reflexos condicionados (solução imediata de

alta complexidade): o reflexo condicionado, pois, é a pré-história da inteligência (inteligência curta). Por isto, o estudo dos animais pouco ajuda na compreensão dos processos mentais. Seria, por exemplo, como pretender compreender um computador estudando um pé-de-cabra. O reflexo condicionado é simples, imediato e limitado a uma situação típica, enquanto a inteligência é geral e universal, aplicando-se a situações variadas. O reflexo condicionado extingue-se quando não é realimentado, ao passo que a inteligência gera novas estruturas, indefinidamente ("aberta para todos os possíveis").

O desenvolvimento (na criança e na humanidade) processa-se por: a) aumento da organização (motora, verbal e mental); b) aumento da compreensão do real (concepção do real = causalidade); c) aumento da plasticidade (reversibilidade, associatividade, etc.) das estratégias de adaptação (estruturas operatórias e abertura para todos os possíveis). O condicionamento é a forma primitiva (arcaica) de adaptação (adaptação rígida ligada a determinada situação, muito parecida com a relação do instinto com a ecologia). Pode-se, mesmo, dizer que a educação do ser humano visa a superar condicionamentos (hábitos), produzindo um ser criativo (altamente adaptativo). Como se vê, o behaviorismo (reflexologia) mantém o indivíduo em seus mais baixos níveis de desenvolvimento... A persistência do behaviorismo, como explicação do "aumento do conhecimento", é exemplo da extrema dificuldade de "mudança de paradigma" (Kuhn). Em seu livro póstumo, J. Piaget e Rolando García (Psychogenèse et histoire des sciences) estudam, minuciosamente, este fenômeno da vida intelectual isomorfo das mudanças de "concepção do real" das crianças. Os próprios "cientistas" apresentam, por vezes, violenta resistência às novas explicações, mesmo porque aceitar novo "paradigma" é como uma "conversão religiosa", exigindo profunda modificação nas convicções até então acalentadas. Apesar de todas as refutações, grande parte dos educadores ainda divulga suas convicções behavioristas...

O DESENVOLVIMENTO (motor, verbal e mental) VISA A AUMENTAR AS POSSIBILIDADES DE SOBREVIVÊNCIA.

10. Se a atividade do organismo (e, portanto, do psiquismo) é, basicamente, um processo de auto-regulação, a partir da repetição, do reconhecimento e da generalização, só nas condutas estereotipadas (hábitos) mantêm-se os processos de aprendizagem regidos pelos chamados "condicionamentos". De fato, a experiência mostra que os condicionamentos dependem a) da *sensibilização* do organismo para os estímulos (o organismo, inclusive, escolhe o meio a que deseja adaptar-se); b) da *realimentação* (confirmação) sem a qual os condicionamentos se perdem, irremediavelmente. Dada a variedade infinita de situações que se apresentam ao ser humano, só um processo de adaptação, altamente, móvel e estável (processos lógico-matemáticos) apresenta condições de permanência, vez que se torna capaz de atender (auto-regulação) a todas as perturbações provindas do meio. Daí Piaget afirmar que a inteligência é o ápice do processo de adaptação (por não ser especializado). T. de Chardin diz que o "homem é um

animal não especializado". A educação do homem, pois, nunca deveria ser *profissionalizante* (habilidades), mas uma "educação pela inteligência", mesmo porque as habilidades são superadas pelos progressos tecnológicos, podendo implicar em perigo mortal para a sobrevivência do especialista. Cada vez mais a sociedade exige menos especialistas e mais generalistas (indivíduos que se adaptam às mais variadas situações).

Jean Piaget diz que o instinto é como se fosse um hábito hereditário e o hábito, como se fosse um instinto adquirido. Se o meio fosse estático (se não houvesse transformações ecológicas), o comportamento tenderia para o automatismo (o instinto, por exemplo, que é um automatismo inato, supõe uma ecologia estática: T. de Chardin diz que quanto mais especializado o animal para determinada ecologia, mais corre o risco de perecer, se a ecologia muda). Ora, como o meio muda, cria-se o problema da criatividade (adaptação a novas circunstâncias). Ora, a criatividade depende da plasticidade dos elementos que se combinam para transformar o sistema (organismo, psiquismo, sociedade). O hábito (automatismo, instinto, condicionamento, etc.) é a anticriatividade... A inteligência é, fundamentalmente, um processo de produzir novas combinações *(criatividade). Não existe criatividade a partir do nada* (ex nihilo, nihil): *a criatividade é sempre a construção de elementos preexistentes (um dragão tem a cabeça do touro, a língua da cobra, o rabo do jacaré, etc.). "Ensinar a criatividade" é, simplesmente, propor o exercício combinatório. Daí a escola dever estimular as soluções inusitadas, inclusive prestigiando o* erro *resultante de combinatórias imprevistas. O exame deveria ser um desafio à criatividade! Exemplo humorístico:*

"*Segundo Hipócrates (?), o corpo humano (e o dos animais?) divide-se em a)* cabeça; *b)* tronco *e c)* membros. *Indaga-se:*

a) o pescoço não merece ser uma parte?
b) não sendo parte, pertence ao tronco ou à cabeça?
c) por que não se incluem os órgãos genitais como quarta parte?
d) no homem, as mãos, sendo tão diferentes dos pés, podem ser incluídas como uma parte?
e) este tipo de divisão poderia ser estendido aos demais animais?

Atividade: *discutir em grupo e apresentar nova divisão.*"

Obs.: Qualquer tema pode ser "questionado" desta maneira, transformando a decoração em exercício de inteligência. Os professores universitários, por exemplo, deveriam fazer os alunos refutarem as teorias que expõem, pondo tudo em questão *(dúvida metódica).*

"O DESENVOLVIMENTO É UMA EMBRIOLOGIA DAS FORMAS DE COMPORTAMENTO (MOTOR, VERBAL E MENTAL)."

11. Com relação ao ser humano é preciso não esquecer que parte ponderável de sua maturação fisiológica e anatômica (para não falar na maturação psicológica) é feita depois do *nascimento*. O próprio sistema nervoso (eixo da auto-regulação biológica do organismo) matura, no ser humano, até 15 e 16 anos, donde se pode concluir que, dificilmente, neste caso particular, se apresentam situações estereotipadas da parte do meio, mesmo admitindo-se (por absurdo) que o meio fosse estritamente, estável. O processo embriológico do desenvolvimento humano, portanto, exige mecanismos de auto--regulação amplamente complexos e delicados, diante dos quais os "condicionamentos" são recursos primitivos e grosseiros. Mesmo que se considerasse o meio cósmico, relativamente, estável (o que não é verdadeiro), ainda assim, o organismo da criança, em crescimento (embriologia), terá de enfrentar a imensa variedade de situações socioculturais (a verdadeira ecologia humana é a sociedade, pois o meio cósmico atinge,

indiscriminadamente, todos os seres vivos). Para Piaget, a socialização é o fator básico do desenvolvimento das estruturas mentais, ao mesmo tempo que as relações com os demais indivíduos dependem destas estruturas ("nem o ovo, nem a galinha" — diz ele). O nascimento fisiológico, pois, é mera mudança ecológica que permite o início dos processos que irão transformar o recém-nascido num ser humano. Para que a criança venha a tornar-se um ser humano precisa, estritamente, de um ambiente humano (ver o "menino-lobo"). Mas, o mais estranho é que o meio humano de que precisa a criança não é o *meio humano adulto* (salvo nos primeiros meses, em que o processo uterino prossegue, em forma de aleitamento e proteção): *a criança precisa da companhia de outras crianças* (sociedades infantis). Os sociólogos ainda não descobriram a "sociologia infantil" que não passa pelos adultos...

Se alguém se propusesse a fixar uma das formas transitórias do embrião, certamente, seria tido como louco... Contudo, os behavioristas (reflexologistas), propõem como educação a fixação de comportamentos arcaicos (condicionamentos), num indivíduo em evolução (Piaget compara o desenvolvimento psicológico ao desenvolvimento do embrião: onde a biologia constrói órgãos, a psicologia constrói estruturas de comportamento motor, verbal e mental). W. James afirma que "é preciso malhar o ferro enquanto está em brasa", isto é, reconhece que, em cada momento (estádio) do desenvolvimento, há um tipo de "educação" a fazer-se. Os behavioristas, considerando o organismo (mente) uma "caixa vazia", não atentam para os estádios do desenvolvimento, supondo que qualquer condicionamento é possível, em qualquer momento do desenvolvimento (J. Bruner, apesar de aceitar a operatividade, afirma a mesma coisa, com relação a qualquer tipo de conhecimento, desconhecendo o que se denomina, em matemática, a "filiação das estruturas" do conhecimento). Se não houvesse outros argumentos para aceitar-se a noção de "desenvolvimento" (ausente na maioria das explicações psicológicas), bastava o fato de o sistema nervoso desenvolver-se... continuamente, até 15/16 anos. Se o sistema nervoso é a infra-estrutura da vida mental ("a base física do espírito", como dizia Farias Brito), é evidente que certas formas de comportamento não podem antecipar-se à manutenção do sistema nervoso (ver as ramificações dos dendritos ao longo do crescimento da criança). A talidomida, por exemplo, só deforma o embrião se ingerida nos três/ quatro primeiros meses de gestação, momento em que a morfogênese está modelando, por impulso do programa genético, as formas anatômicas do embrião. O mesmo ocorre com a embriologia do comportamento sensoriomotor, verbal e mental: existe o momento genético de cada estrutura formar-se, sendo pouco provável a recuperação (educação de adultos), fenômeno que, em biologia, chama-se "competência dos tecidos". Como a embriologia do comportamento se faz fora do útero (interação com o meio), é preciso garantir, ao longo do desenvolvimento da criança, meios diversificados e estimulantes. A moderna pedagogia pesquisa, hoje, qual é o meio estimulante para cada estádio do desenvolvimento. É inacreditável que se proponha um método padrão e universal para a "aprendizagem", sem levar em conta o processo embriogenético (estádio do desenvolvimento), o que denuncia a convicção segundo a qual a "criança é um adulto em miniatura"!... A criança, entre 2/3 anos e 5/6, por exemplo, tem todas as características da esquizofrenia, tornando-se "resistente à estimulação do meio" (desenvolvimento do "jogo simbólico"): como tratar esta criança com os mesmos processos com que tratamos o pré-adolescente, altamente interessado nas circunstâncias e nos eventos do meio que o cerca?! Como tratar a criança pré-lógica como o pré-adolescente empolgado com a coerência? Como não perceber que os "estímulos" (as situações) têm graus diversos de complexidade lógico-matemática? Por que a sociedade adulta considera as crianças como irresponsáveis, perante a lei? Se observássemos como as crianças aprendem a linguagem, convencer-nos--íamos, facilmente, de que é o nível mental que determina as "aprendizagens" possíveis, em cada estádio do desenvolvimento. Não podemos colocar os móveis, numa casa em construção. Não podemos dar qualquer alimento ao recém-nascido. No futuro, estudar-se-á, não só o nível de desempenho da criança, como o nível operatório dos conteúdos que desejamos que a criança "aprenda" (por exemplo, o número de variáveis de um efeito causal). Nunca se analisou, por exemplo, o nível de complexidade operatório dos mecanismos da leitura (códigos da escrita) para determinar em que nível de desenvolvimento mental a criança deve ser alfabetizada...

"O CONHECIMENTO É UMA ATIVIDADE."

Jean Piaget

12. Em matéria de "aprendizagem", não basta superar as interpretações do "conhecimento cópia" (associacionismo) e as do "condicionamento passivo" (reflexologia) que suprimiam a atividade do sujeito. É preciso que se entenda que as "atividades operantes" (Skinner) não são simples coordenações de reflexos, estando, como estão, ligadas à "lógica dos instintos", à "lógica das ações", à "lógica das estruturas", à "lógica das proposições". A atividade assimiladora do organismo supõe, como vimos, um processo de implicação que dá significado aos "estímulos". Ora, é esta "significação" (iniciada com os índices e sinais e concluída com os símbolos e signos) que se vai chamar, nos estágios superiores, de *conhecimento*. Conhecer, pois, é o nome que se dá, na vida mental, ao processo biológico básico da assimilação. Conhecer é, assim, um processo de incorporação da realidade aos esquemas mentais de ação representada. O comportamento sensoriomotor, verbal e mental não é um feixe atomizado de habilida-

des ou reflexos condicionados: em toda parte, encontra-se, no comportamento, uma tendência à logicização, donde provêm as "estruturas matemáticas" (é por isto que a matemática aplica-se como uma luva ao real). É o nível de estrutura lógica dos comportamentos (sensoriomotores, verbais e mentais) que revela o estádio de desenvolvimento do ser humano, donde um adulto poder equivaler, operativamente, a uma criança (como é o caso dos nossos índios, incapazes de classificações e seriações lógicas e de contar). Os únicos comportamentos que são comuns a todos os seres humanos "normais" são o sensoriomotor e a capacidade simbólica, mesmo que apareçam empobrecidos, por falta de estimulação. A operatividade mental depende, estritamente, de típicas estimulações do meio. Há pessoas que se horrorizam com esta "logicização" da conduta. Ora, a logicização é apenas, o enriquecimento coerente ("lógica das ações", por exemplo) dos comportamentos. Sem o "grupo de deslocamentos" (direta, composta, inversa, associativa, idêntica), por exemplo, a criança não saberia brincar de "pega", não saberia reconstruir as infinitas combinações lingüísticas, não compreenderia a conservação da substância, peso e volume, etc. Desenvolver-se, mentalmente, é *logicizar-se...*

Jean Piaget descobriu que a percepção não é simples sensibilização das terminações nervosas: existe uma "atividade perceptiva" que corrige a natural "centração" do campo perceptivo (a "atividade perceptiva" é a inteligência aplicada à sensação). A "atividade operante", por um lado, tem níveis sucessivos de complexidade (que vai do sensoriomotor às operações hipotético-dedutivas) e, por outro, não se aplica senão mediante uma "lógica da significação" (campainha "significa" — implica em — comida). As "aprendizagens" (learning) a que se referem, tão simplificadamente, os behavioristas envolvem problemas muito mais complexos do que se supõe à primeira vista (hoje, sabe-se que os condicionamentos são regidos por complexos sistemas de feedback). A inteligência é, simplesmente, a capacidade de fazer infinitas combinações ("abertura para todos os possíveis" — Piaget) sensoriomotoras, verbais e mentais (o instinto e o hábito são comportamentos estereotipados, donde não servirem para "situações novas"). As combinatórias tendem a construir modelos lógicos, embora iniciem-se de forma heurística ou dialética (a lógica é uma forma coerente de arrumar os elementos). A capacidade de fazer combinatórias aumenta com o nível mental, sendo um mito acreditar-se que as crianças (índios) são criativas, fato que se comprova, facilmente, no laboratório. A inteligência, pois, é uma atividade (comportamento) e seu nível mede-se pelo número de combinações que fazem com esta atividade. Um certo momento, a criança percebe que o número de combinações é infinito: "abertura para todos os possíveis"! O problema da "aprendizagem" não é "fixar" uma solução, mas ser capaz de encontrar a solução (aprender a aprender). Se todo comportamento fosse "aprendido", não conseguiríamos conversar, pois o que dizemos não foi "ensinado"..

O PROCESSO EDUCATIVO É UM PROCESSO DE CRIAÇÃO DE CONHECIMENTO: é, portanto, um PROBLEMA EPISTEMOLÓGICO.

13. Como o processo educativo do ser humano gira em torno dos processos de conhecimento (minimizando-se os processos inferiores de adaptação, embora os processos superiores reelaborem e incorporem os níveis inferiores de estruturação), pode-se dizer que toda teoria de educação implica numa "teoria do conhecimento". Ora, a teoria do conhecimento "coloca-se, como em todas as ciências humanas, num nível explicativo não somente sincrônico, mas, sobretudo, diacrônico (epistemologia genética), o que faz recair o problema no nível biológico" (Piaget) — portanto, na mesma dimensão das teorias de educação. No mais alto nível, a educação vem a ser, simplesmente, um processo epistemológico, como quando se trata da compreensão das teorias científicas. O educador tem que decidir-se diante do seguinte dilema: a) transmitir às novas gerações as habilidades (*know-how*) exigidas para viver na sociedade atual (alfabetização, por exemplo) ou b) estimular todas as possibilidades de desenvolvimento contidas no código genético, sem muita preocupação com a adaptação do educando à sociedade em que está inserido. Se optar pela primeira hipótese, terá que enfrentar dois problemas: a) a sociedade, mesmo que não pareça, está em *mudança* e b) o educando não assimila, passivamente o modelo de comportamento proposto (não existe a "reprodução" de que falam alguns pedagogos). Se optar pela segunda hipótese, a) terá que inventar situações não existentes no modelo sociocultural, que estimulem possibilidades que não se atualizariam se a criança ficasse entregue à estimulação do meio corriqueiro (ver o caso das crianças filhas de indígenas) e b) teria de enfrentar a possibilidade de o educando tornar-se rebelde por ter superado, em seu desenvolvimento, soluções arcaicas (é porque estão mais avançados que a sociedade em que vivem que muitos adolescentes apaixonaram-se pela "ficção científica"). Como se vê, a educação refere-se sempre ao futuro e seus resultados são sempre probabilísticos (ninguém sabe como será o futuro: por isto se diz que ninguém educa ninguém).

Jean Piaget acrescentou à epistemologia a expressão "genética" para significar que a explicação da origem do conhecimento tem, além do aspecto sincrônico, um aspecto diacrônico (filiação das estruturas do conhecimento). Ora, a educação de uma criança gira em torno de sua capacidade de gerar o conhecimento (compreensão do real ou conhecimento presentativo e procedimentos heurísticos (dialéticos) para alcançar um objetivo ou conhecimento procedural). A história da ciência tem mecanismos correspondentes aos estádios de desenvolvimento de uma criança (mecanismos comuns). O pecado do "sociologismo", em educação, consiste em desconhecer a dimensão diacrônica do processo educativo (tomar o processo educativo como mero fenômeno sociológico, desconhecendo que a criança, só muito lentamente, assume o processo sociocultural). Num "método psicogenético", só lentamente (ao aproximar-se a adolescência), a conotação sociológica da educação torna-se incisiva (ouvindo-se os sociólogos falarem em educação, tem-se a impressão de que não há vida uterina, primeira, segunda, terceira infâncias, momentos em que as regras, valores e símbolos socioculturais não alcançaram ainda a mente do indivíduo, seja ele criança ou adulto retardatário). A educação "pega o bonde andando": a criança é um "bárbaro", em desenvolvimento, que precisa "civilizar-se" para inserir-se numa sociedade que há milênios progride e se organiza. Por um lado, precisa desenvolver estruturas mentais já corriqueiras em seu grupo social (se seu grupo sabe numerar e medir, precisa desenvolver, mentalmente, estas estruturas) e, por outro, precisa alcançar um nível que permita a ela prosseguir o processo de mudança: a educação, pois, tem por objetivo não a sociedade atual, mas a sociedade futura (se a educação conseguisse "adaptar", completamente, a criança, a história pararia). Tanto do ponto de vista da pesquisa científica, quanto do desenvolvimento mental, o problema é gerar novas formas de conhecimento....

O EU É O FEEDBACK DO OBJETO E O OBJETO É O FEEDBACK DO EU.

14. Já vimos que, tanto em biologia, como em psicologia, conhecer (alimentar-se) não é "copiar" o real, mas "agir sobre o real" (assimilação). A ação é, fundamentalmente, transformadora, quer a transformação se faça no sujeito-agente (acomodação-aprendizagem), quer se faça no objeto (transformação da natureza-cultura). Em outras palavras, a ação é um processo de *manipulação* com efeitos bipolares, no sujeito e no objeto (interação). Esta ação pode ser física (*hic et nunc*) e de caráter sensível (sensoriomotora), ou feita em aparência (virtual) como na ação representada realizada à distância do objeto (vida mental). É a ação representada que se chama, propriamente, *conhecer* e seu instrumento simbólico é a linguagem, aspecto semiótico da construção imaginativa do objeto na mente. Educar, pois, é criar situações para que o educando, agindo, construa novas estruturas sensoriomotoras, verbais e mentais (majorância). É o educando que deve "manipular" o objeto (material, imagético ou conceitual).

Ninguém ensina a nadar, nadando para o aprendiz ver! 99,99% da atividade docente (aula expositora & demonstração) são inteiramente inúteis do ponto de vista do desenvolvimento mental (se a "contemplação" fosse um processo de desenvolvimento, todos se tornariam biólogos, astrônomos, etc.). É por isto que a televisão, jamais, será um processo educativo (se a aula expositora fosse um processo educativo... a televisão também o seria). A função do educador é colocar o educando em atividade e isto não é fácil, pois os educadores não atinam com os mecanismos que motivam a atividade do aluno. O processo escolar atual é, estritamente, um *processo teatral*, com péssimos atores e com peças de baixo nível, com a agravante de a platéia ser "cativa", com a obrigação de decorar o drama que se desenrola no palco. Apesar de desempenharem o papel de atores, os mestres sequer se dão ao luxo de preparar-se para esta função (a vaia e a rebelião não surgem porque todo um aparato policial — do bedel ao Ministro da Educação — protege os péssimos atores).

Tanto o eu *(tomada de consciência), como o objeto (compreensão do real) são construções seqüenciais. A partir de um* adualismo, *em que sujeito e objeto se confundem, por meio da ação, o organismo constrói, progressivamente, a noção de* eu *(subjetividade) e de* objeto *(objetividade). O conhecimento do* eu *e do* objeto *é um limite matemático (não se esgota jamais). O "conhece-te a ti mesmo" de Sócrates só se realiza na interação (dinâmica de grupo). O outro é o "objeto" que, por* feedback, *diz ao eu o efeito de sua ação. A atividade pode ser sensoriomotora, verbal e mental (a linguagem e o pensamento são "dublagens" da atividade sensoriomotora: "no começo de tudo está a ação"). A atividade chama-se "conhecer" quando se torna linguagem ou pensamento ("conhecer é manipular" — diz Jean Piaget). O desenvolvimento consiste em complexificar as estratégias da ação (motora, verbal e mental). O homem não civilizado ("pensamento selvagem" — Levy Bruhl), por exemplo, dispõe de muito menos estratégias de ação que o homem civilizado ocidental (não classifica, não faz cálculos da probabilidade, etc.), não podendo, portanto, competir com o "civilizado". Não existem formas de pensar (agir) "diferentes", mas graus diferentes de operar. Os produtos culturais demonstram, claramente, o grau de operatividade dos indivíduos que os produziram (as plantas das cidades diferenciam-se pelo seu grau de operatividade, por exemplo). A subjetividade progride através da "tomada de consciência" e a objetividade através da "compreensão da causalidade", processo que, provavelmente, jamais se conclui. A criança (e os "primitivos") confundem o sujeito e o objeto (adualismo): desenvolver-se é afastar estes elementos e dar-lhes identidade. O mecanismo desta identificação é a ação do sujeito sobre o objeto (feedback). A ação, através do desenvolvimento da inteligência, constrói estratégias de complexidade crescente para manipular os objetos, cada vez mais à distância, no tempo e no espaço (conhecimentos, teorias e axiomáticos). O desenvolvimento do ponto de vista de subjetividade, cria a* personalidade *(na tribo primitiva, a identidade é confusa, predominando a indiferenciação comunitária, participação ou comunhão). Do ponto de vista da objetividade, descobre, progressivamente, os atributos dos objetos e as relações causais. Quanto mais se conhece o objeto, mais se determinam as diferenças entre ele e o eu, donde se dizer que o "eu é o* feedback *do objeto": para nos conhecer é preciso conhecer o* Outro, *podendo-se, pois, dizer que o mandamento "amai o próximo" é uma regra epistemológica...*

OS ESQUEMAS (estratégias de ação) ESTRUTURAM-SE PARA APLICAR-SE A SITUAÇÕES E OBJETOS DIVERSOS.

15. Como já vimos, a ação (manipulação, portanto) vital baseia-se na repetição, generalização e reconhecimento. O que, numa ação, pode ser transportável para outra situação ou para outros objetos, passaremos a chamar de *esquema de ação ou de assimilação*. No nível da vida mental, estas características da ação chamam-se, precisamente, *explicação* e *compreensão*, justamente os elementos básicos do fenômeno do conhecimento. Conhecer, pois, é assimilar em função de um sistema prévio (esquema de assimilação), tanto na linha diacrônica (explicação), quanto no nível sincrônico (compreensão). Não se trata, pois, de um reducionismo biológico, mas de uma continuidade funcional, em estádios seqüenciais, progressivamente mais tendentes à equilibração (axiomatização). Pode-se dizer que as estruturas mentais (classificação, seriação, grupos, redes, etc.) correspondem a "habilidades" sensoriomotoras: são formas de "manipulação" dos objetos e situações (um mágico, por exemplo, manipula, com tal habilida-

de os objetos, que pagamos para vê-lo agir). Ora, como a ação (de onde provêm as estruturas do pensamento, por interiorização e formalização) é comum e universal a todos os seres humanos, não podemos afirmar que estes indivíduos ou grupos humanos "têm pensamento diferente" (como fazem os antropólogos): todas *as formas* de pensamento foram um dia *sensoriomotoras*. Para conhecermos um objeto que fazemos? Inserimos (assimilamos) este objeto na estrutura que já possuímos (classificação, seriação, etc.), assim como, no sensoriomotor, comparamos para destacar as diferenças e semelhanças (mecanismo básico do conhecimento). Pedagogicamente, deveríamos apresentar todas as situações, no mínimo, em forma de *comparação* (por exemplo, comparar Lutero com Santo Inácio de Loyola, medida pedagógica que já tinha sido aconselhada por Claparède).

"Não se conhece nada inteiramente, novo": tudo que se conhece (que se manipula), conhece-se a partir de um conhecimento (esquema) prévio, donde a "comparação" ser o instrumento universal de compreensão. A criança, quando encontra um objeto novo, faz com ele tudo que sabe fazer (ocasião em que se produzem as acomodações: a acomodação só se produz ao longo da assimilação). O mesmo acontece com o adulto frente a uma situação nova (o cientista, também, aplica à situação todas as teorias que conhece ou inventa). A atividade pode ter por finalidade compreender (comprendre) ou resolver um problema (réussir). No plano sensoriomotor, compreender é "perceber" e explicar, é "atingir o objetivo" (o processo de "atingir um objetivo" pode ser puramente verbal ou mental). A estruturação dos esquemas de ação termina numa Weltanschauung (cosmovisão) e numa operatividade que se abre para todos os possíveis (mecanismo de resolver qualquer problema). No fundo, temos aí o sensório (per-

ceber e compreender a realidade) e o motor *(agir sobre o meio para colocá-lo à nossa disposição). No mais alto nível, o sensório são as constatações científicas (legalidades da natureza) (necessidades lógicas: normatividade) e o motor, o impulso dialético de novas construções e novos possíveis. Mudam as estruturas, mas não mudam as funções. Os processos sensoriais transformam-se na compreensão das leis da natureza, nas geometrias e na topologia. E as atividades motoras caminham para as abstrações lógico-matemáticas e para o pensamento hipotético-dedutivo e probabilístico ("abertura para todos os possíveis"). Como se vê, há uma seqüência de complexidades crescente entre o sensoriomotor e os mais elevados níveis científicos e mentais, não havendo lugar para "pensamentos diferentes" (o que existe são níveis de desenvolvimento). A obra póstuma de Jean Piaget de parceria com o físico mexicano Rolando García* (Psychogenèse et histoire des sciences) *mostra esta embriologia de forma irrefutável. Os tolos preconceitos dos antropólogos deformam, criminosamente, a compreensão da situação dos "povos primitivos", o que contribui para seu genocídio. O mesmo fazem os pedagogos que não respeitam os estádios de desenvolvimento das crianças, com suas frenagens provocadas pelas situações socioeconômicas carenciais. O desenvolvimento da inteligência implica em domínio de meios, progressivamente, mais eficientes, de intervenção no meio (veja-se, por exemplo, o aumento da capacidade de agir fornecido pelo domínio do cálculo das probabilidades, que só aparece, nos últimos estádios de desenvolvimento). Todo mundo sabe, por exemplo, como os "povos primitivos" são inermes para enfrentar certas situações, agindo como verdadeiras crianças. Não estimular, nestes povos, a aquisição dos mecanismos mentais dos chamados povos "civilizados" é prepará-los para o genocídio...*

EDUCAR É ESTIMULAR A CRIATIVIDADE.

16. A partir de uma interpretação como esta, descortina-se toda uma nova concepção do fenômeno educativo. Educar seria estimular a estruturação de formas de ação (motora, verbal e mental) cada vez mais móveis, mais amplas e mais estáveis, com a finalidade de extensão progressiva do *espaço vital* e ampliação dos *níveis de segurança* do organismo, precisamente, a "finalidade" (auto-regulação) da evolução das espécies (a educação é um fenômeno biológico). Mais simplificadamente, a educação é um processo que visa a estimular a *criatividade* (ao contrário do que se diz, não há ninguém menos criativo que a criança e o homem primitivo). A meta da educação é a "abertura para todos os possíveis", isto é, a construção de um homem cujo comportamento é *probabilístico*. Em outras palavras, para usar a nomenclatura da repressão, a meta educativa é um "homem subversivo": um homem que cria, inventa e descobre e que, portanto, repudia a sociedade em que está inserido! "A tradição não é para

ser reproduzida, mas para ser meditada" (Semana de Arte Moderna). Infelizmente, não é possível sobreviver, na sociedade, sendo-se inteiramente "criativo" (os indivíduos assim são massacrados pelo grupo social — ver Galileu e a imensa fila de mártires da história). Mas, mesmo ensinando-se um *know-how*, pode-se fazê-lo estimulando a criatividade, isto é, de forma crítica (*profissionalização:* ver A Escola Secundária Moderna).

A vida psicológica (individual ou coletiva, isto é, o pensamento e a cultura) não é senão a forma virtual de atividade biológica (todas as formas de "viver" cabem na biologia). Poucas vezes, tem-se indagado como o biológico (bioquímico) transforma-se em psicológico (e o psicológico, em sociológico). Para Jean Piaget as funções são invariantes. As "formas de vida" são diferenças estruturais. A educação pode tomar a evolução como modelo funcional (a evolução consiste em criar estruturas novas com o objetivo de garantir a adaptação ao meio). A educação, pois, tem por objetivo criar situações em que o organismo (mente) se vê forçado a criar formas novas (adaptação), repetindo artificialmente as situações que produziram a evolução (evidentemente, neste sentido não tem cabimento a explicação neodarwinista da evolução). O grande problema, pois, é a seqüência do desenvolvimento, tanto do ponto de vista dos estádios sucessivos, quanto do ponto de vista da filiação das estruturas do conhecimento. Provavelmente, no futuro, a disciplina para formar o educador seja, basicamente, a Epistemologia Genética. *A especialidade do educador é a* psicogenética: *compreensão da seqüência e da natureza dos estádios de desenvolvimento sensoriomotor, verbal e mental, da mesma forma como o cientista deveria conhecer a epistemologia genética da formação das teorias científicas (ver "revoluções científicas"). Assim como existem cientistas extremamente reacionários (impermeáveis a novos "paradigmas" explicativos — os cientistas burocráticos), existem educadores impermeáveis ao desenvolvimento mental das crianças, pretendendo "ensinar qualquer coisa em qualquer idade" (J. Bruner). O drama do fracasso da alfabetização, por exemplo, decorre da ignorância da complexidade lógica (permutação x combinação) do código da escrita com relação ao mau desenvolvimento da criança (lembremos o exemplo do sistema métrico)!*

EM VEZ DE GRAVAR SOLUÇÕES, PROMOÇÃO DA CRIATIVIDADE GLOBAL.

17. Se substituirmos o conceito tradicional de adaptação (atualização de potencialidades, mutacionismo aleatório proveniente do acaso, seleção natural, fixação de caracteres adquiridos, etc.) por um conceito construtivista de reequilibrações sucessivas, teremos de ver, no processo educativo, uma *atividade organizacional* e não uma mera exercitação ou fixação de aprendizagens. Ora, uma concepção assim modifica, completamente, os parâmetros de avaliação dos resultados da atividade educativa que, de quantitativos, passarão a ser estritamente qualitativos. Todo o esforço de transmitir habilidades e de gravar informações será substituído por processos de estimulação da operatividade, na perspectiva de que o desenvolvimento da inteligência é o recurso universal para enfrentar todas as situações com que o educando venha a defrontar-se, num futuro incerto. Numa perspectiva assim, não existe o *erro* (portanto, não existe a verificação da aprendizagem). O que se questiona (tomada de consciência) é o processo adotado

e não o resultado. E no processo adotado, a questão é a complexidade combinatória e não um algoritmo! Segundo Piaget, o erro é a própria fonte de criatividade e a bússola para procurar novos possíveis. A criatividade é dialética e heurística e seu processo só é submetido à lógica *a posteriori*. Nada se cria com a lógica (a lógica é tautológica), contudo, o processo tornar-se-ia aleatório se não tivéssemos a lógica como *referencial*. No futuro, a prova ou exame será uma demonstração de criatividade e não uma reprodução da "lição".

Existem dois tipos de hereditariedade: a) biológica (inserida no código genético) e a b) cultural (experiência adquirida). Havia o problema de guardar a experiência (os velhos da tribo eram os depositários da experiência). A partir da escrita e, hoje, com todos os processos de gravação, tornou-se irrelevante o objetivo tradicional do processo escolar de gravar, decorar, exercitar, etc. Os bancos de dados fazem, hoje, o papel de código genético da experiência cultural. O processo educativo, portanto, pode concentrar-se na criatividade, sobretudo, porque o mecanismo social exige, cada vez mais, indivíduos criativos ("abertura para todos os possíveis"). Finalmente, a humanidade resolveu o problema de "guardar a experiência" (todos os tipos de gravadores, começando pela escrita e terminando nos bancos de dados satelizados). Não há mais motivo, pois, para cobrar dos alunos a memorização dos dados: o papel do professor é levar o aluno a utilizar os dados disponíveis (isto que começa com "prova de livro aberto"). Os cromossomas são uma espécie de "banco de dados" genéticos a que a morfologia embriológica recorre para a construção física do organismo, jogando com eles e com as circunstâncias mesológicas (epigênese). O mesmo começa a ocorrer com os "bancos de dados" que se transformam em uma espécie de cromossomas, na construção da ciência e da tecnologia (a nova forma de desenvolvimento ontogenético e de evolução filogenética). A criatividade não parte do nada: é o resultado da interação dos dados disponíveis, em vista da solução de novos problemas.

UMA VISÃO BIOLÓGICA DA EDUCAÇÃO.

18. Como modelo de toda tecnologia educativa poder-se-ia tomar o funcionamento das estruturas biológicas: de um lado, *homeostase*, equilíbrio dinâmico atual de um sistema aberto (sincronia), de outro, a *homeorese*, equilíbrio dinâmico histórico das formações "canalizadas" (diacronia), fazendo da atividade educativa uma forma de "agressão" (situação-problema) que provocasse *reequilibrações sucessivas*, como ocorre no funcionamento dos organismos vivos. Em outras palavras, o processo educativo não seria senão uma *antecipação de possíveis situações futuras* ou por outra, seria o questionamento permanente do *status quo* diante da evidência do fenômeno evolutivo. Educar seria criar situações que exigissem reequilibração, tanto do ponto de vista ontogenético (inserção no contexto), quanto filogenético (evolução do contexto). É preciso ver no desenvolvimento dos comportamentos sensoriomotores, verbais e mentais mero prosseguimento da embriologia iniciada na vida uterina, e a continuação do processo evolutivo

que se iniciou, de alguma forma, na construção de um protozoário, numa época qualquer perdida no tempo. Educar é, simplesmente, criar condições para que estes processos prossigam, em sua espontaneidade intrínseca, segundo os probabilismos das equilibrações sincrônicas (homeostase) e diacrônicas (homeorese). É para o mecanismo da equilibração que se deve voltar a atenção do educador, deixando os resultados por conta dos fatores em jogo, como ocorreu no útero e ao longo do tempo. O fato de a educação lidar com o desenvolvimento da inteligência não muda o modelo funcional, pois, afinal, "a inteligência é, apenas, um modelo superior de adaptação". Educar, pois, é "desadaptar" (desequilibrar) para dar oportunidade de funcionamento à homeostase e a homeorese. Este processo está em curso, espontaneamente, durante o crescimento da criança e nas atividades socioculturais. O papel da escola é garantir que estas estimulações apareçam, na quantidade e variedade necessárias.

Por mais diferentes que sejam as estruturas biológicas e psicológicas, funcionalmente, procedem da mesma maneira (regulação da assimilação-acomodação). Biologicamente, as equilibrações apresentam-se sob os aspectos sincrônico e diacrônico. Em educação, também, temos que estimular equilibrações em vista do presente e com relação ao futuro (é o exagero de uma destas duas dimensões do processo educativo que produz o psicologismo e o sociologismo). Aliás, um dos aspectos mais interessantes do desenvolvimento mental é a precorreção (antecipação do erro). Segundo T. de Chardin "a vida é uma improbabilidade" (perante a entropia). Qual pois, o "propósito" do processo biológico? Precisamente, superar esta improbabilidade (superar a entropia). Esta superação se faz por majorâncias sucessivas resultantes de cada reequilibração sincrônica (homeostase) e diacrônica (homeorese). O pro-

cesso de reequilibração, a partir de certo nível de complexidade, supera o atual (cibernética) e antecipa-se à agressão do meio (precorreção). O fenômeno psicológico é um salto qualitativo do fenômeno biológico, e o sociológico, um salto qualitativo do psicológico, mas o objetivo do processo é sempre o mesmo: aumentar a organização interna e a adaptação externa para superar a entropia. Por aí se vê como é importante, em educação, a socialização que, em última análise, é uma coordenação dos organismos e das inteligências (sociogênese): é a "convergência" que segundo T. de Chardin preside o processo evolutivo. Se os processos psicológicos e sociológicos não provêm, por complexificações, do biológico, de onde sairiam? Esta continuidade funcional não é um reducionismo, mas um "salto qualitativo". O processo vital, da mesma forma que o processo psicossociológico, consiste, basicamente, na ampliação do "espaço vital" e no aumento do "nível de segurança": desenvolver-se (inteligência) é conhecer melhor o meio e ampliar as estratégias de comportamento (sensoriomotor, verbal e mental).

UM MÉTODO PSICO E SOCIOGENÉTICO DE EDUCAÇÃO.

19. O caráter seqüencial do desenvolvimento ontogenético e filogenético cria, por sua vez, nova perspectiva para o fenômeno educativo. Em vez de tomar-se o processo como dirigido a uma totalidade homogênea e acabada, esta nova perspectiva leva o educador a abordar o problema em vista dos *estádios sucessivos* de um organismo em transição, em busca de maior espaço vital e de grau superior de segurança, não só no que se refere à embriologia dos indivíduos, quanto no que diz respeito à evolução da espécie. Embora seja o desenvolvimento um processo permanente de reorganização, o fato de estas reequilibrações fazerem-se em níveis progressivamente mais complexos determina que haja educação específica, não só para cada estádio do desenvolvimento infantil, como para cada grau de desenvolvimento dos grupamentos humanos, em vista de o envolvimento resultar de permanente interação com o meio. Em outras palavras, o processo educativo passa a ser um contraponto do desenvolvimento ontogenético e filoge-

nético. Numa perspectiva assim, o processo educativo tem em vista, não só o desenvolvimento do indivíduo, como o processo histórico da espécie, tornando-se pouco relevante o *status quo* (momento). Pelo contrário, o ambiente escolar passa a ter uma "organização utópica", projeção do desenvolvimento do momento histórico segundo perspectiva de maior organização e adaptação, algo parecido com o ambiente uterino, em que o organismo cria condições positivas excepcionais para facilitar a atualização da programação genética. Afinal de contas, as crianças que estão, hoje, sendo educadas, irão viver na sociedade cujos problemas serão muito mais complexos que os da de hoje, de modo que não se pode falar em ambiente artificial. A escola, pois, deve funcionar como um útero em que estejam presentes condições excepcionais de desenvolvimento.

A homogeneidade dos processos educativos para todas as etapas do desenvolvimento denuncia a concepção de que o educando é sempre o mesmo, ao longo de seu processo de maturação. Ora, o estudo do desenvolvimento mental revela que, em cada estádio, a maneira de comportar-se (assimilar-acomodar) da criança é, nitidamente, diferente. O mesmo pode-se dizer do agrupamento humano: a maneira de gerar regras, valores e símbolos modifica-se de acordo com o nível operacional médio dos indivíduos que constituem o agrupamento. Desta forma, o método terá que ser, necessariamente, psicogenético e sociogenético (as crianças de certa idade e os agrupamentos, em determinado nível operacional, não podem trabalhar, por exemplo, com o método científico). Finalmente, a psicologia estabeleceu que a criança não é um "adulto em miniatura", expressão que se está tornando corriqueira, mas que nenhuma influência vem tendo no processo escolar. O código da escrita/leitura, por exemplo, é apresentado a uma criança de 6/7 anos (pré-operatória) de forma estritamente lógica, não havendo mãe ou professora que não "argumente" de forma hipotético-dedutiva, com as crianças. As crianças, tradicionalmente, só iam para a escola aos sete anos, quando, estatisticamente, ocorrem as primeiras operações lógicas ainda embrionárias. A criação da pré-escola vai ser verdadeiro massacre, pois os professores não atinam com o fato de a criança, neste período, ser pré-lógica. Ainda vai levar muito tempo para os professores admitirem os estádios de desenvolvimento mental. Os professores de matemática/geometria, por exemplo, supõem que as noções de número, reta, ângulos, etc. são inatas (daí chamarem "números naturais" e "intenções geométricas"), dispensando-se de "ensinar" estas noções. A pré-escola é um desafio por exigir a elaboração de um currículo que nunca foi usado antes nas escolas (ver, por exemplo, a "educação pela arte", só concebível, na escola pré-primária). Na escola pré-primária, por exemplo, é inviável a aula expositiva, levando o mestre a propor atividades. É possível que esta metodologia, aos poucos, venha a influir, nos graus superiores, o que será um retroefeito desejável.

AS METAS DO PROCESSO EDUCATIVO SÓ SÃO ALCANÇADAS ATRAVÉS DE LONGO PROCESSO GENÉTICO.

20. Esta perspectiva mostra como são falazes certas aspirações idealistas da atual teoria de educação. Assim como a epistemologia clássica, esquecendo os processos genéticos, analisava o fenômeno do conhecimento a partir de seu estádio final e acabado (nível da lógica formal), assim, os educadores, por vezes, propõem-se a realizar estádios finais (por exemplo: autonomia do relacionamento) sem levar em consideração o processo genético. Quase todos os objetivos clássicos da educação (liberdade, autonomia, criatividade, socialização, etc.), desenvolvem-se através de longo processo genético, de estádio para estádio, em nível de complexidade crescente, da mesma forma como a lógica parte das primeiras coordenações neurônicas até chegar à formalização dos processos abstratos proposicionais. Todas as atitudes e comportamentos que os adultos consideram tão naturais e óbvios (liberdade, amor, autonomia, carinho, respeito mútuo, etc.), passam por longas e trabalhosas etapas genéticas, nas quais

não se vislumbra ainda o estádio final. A liberdade, por exemplo, "vai da anomia, pela heteronomia, para a autonomia", esta última etapa só sendo alcançada aos 11/12 anos ou mais. A moral e o sentimento de justiça têm longo processo de elaboração. A clareza de idéias "vai do sincrético, pelo analítico, para o sintético". A explicação causal, tão óbvia para os adultos, passa por mais de uma dezena de etapas antes de alcançar a interpretação dos adultos mais cultos (é por isto que demorou tanto, na história da humanidade, a aparecer o método científico). Enquanto os professores não incorporarem estes processos genéticos, a educação permanece com uma atividade torturadora... Os grandes objetivos que se vêm propondo para a educação, foram relativizados, acentuando-se que se trata de uma longa construção.

As aspirações humanísticas (autonomia da conduta, liberdade de escolha, criatividade, socialização, noção de solidariedade e de pátria, etc.) são realizações finais do processo educativo: é erro de perspectiva, por exemplo, a chamada "liberdade da criança" (como a concebeu, por exemplo, Neil, em Summerhill*). O que "primeiro se coloca, na ordem do planejamento, é o último que se obtém, na ordem da execução": a liberdade, a criatividade, a socialização, a moral da solidariedade, etc. são estádios finais de longo processo embriológico. A maioria dos educadores, com medo de não parecerem bastante humanistas, não consegue organizar o processo escolar de acordo com as etapas da construção destas condutas, inserindo as crianças em clima típico da conduta adulta considerada ótima (segundo seus valores). É preciso relativizar estes valores e compreender que dependem de complexa construção. É preciso, por exemplo, muita firmeza científica e coragem moral, para não dar "liberdade à criança", quando esta é a* *meta que se persegue. Ora, criar ambiente permissivo para a criança é a melhor maneira de evitar que ela venha a ser um adulto autônomo (a permissividade produz, na criança, a sensação de abandono, transmitindo o sentimento de insegurança). Só um educador com sólidas bases científicas terá a coragem de esperar que o processo embriogenético cumpra as etapas de "construção da liberdade", sob a pressão dos demagogos que pregam a liberdade desde os primeiros estádios do desenvolvimento. É o que ocorre com os antropólogos: para não dizerem que os "povos primitivos" são indivíduos em etapas arcaicas do desenvolvimento mental, inventaram "tipos diferentes, mas equivalentes" de pensamento, colocando suas vítimas em situações que podem constituir um genocídio... Jean Piaget estudou a formação lenta e complexa dos conceitos morais e o nascimento da noção de pátria, na criança, formação isomorfa do desenvolvimento mental, mostrando o absurdo de impregnar-se a criança da chamada "educação moral e cívica". O que se supunha mera informação, mostra-se, na pesquisa psicogenética, verdadeiras estruturas mentais!*

A LENTA REVELAÇÃO DA REALIDADE À CRIANÇA E À HUMANIDADE.

21. É bem provável que, a partir de erro de enfoque, como o supracitado, na ânsia de realizar os "ideais educativos" tenham sido forçadas as crianças, em muitas ocasiões, a assumir condutas acima de sua capacidade operativa, levando-as a bloqueios emocionais e a insegurança generalizada. Pode-se, hoje, afirmar que, embora com possibilidades maiores ou menores de "aceleração", os estádios genéticos do desenvolvimento guardam rigorosa *ordem seqüencial* que não pode ser violada, impunemente. Por aí se compreende como tem sido, perigosamente, esquecida, na formação dos mestres, sua capacitação para identificar os estádios de maturação, habilidade, grosseiramente substituída pelos empíricos processos psicotécnicos de determinação do Q.I. (quociente intelectual). Estes pretensos humanistas que exigem das crianças comportamentos considerados ótimos pelos adultos estão, de fato, massacrando a criança (o mesmo se podendo dizer dos antropólogos, com relação aos "povos primitivos"). Trata-se de pura

demagogia, para não se falar em desinformação científica... Já não há mesmo quem, com um estetoscópio, tente conversar com as crianças, no útero!?... O bom senso dos povos "civilizados", ao confrontarem-se com os povos "primitivos", logo percebeu que se tratava de *crianças grandes*, facilmente, ludibriáveis. Lévi-Strauss que para isto concorreu, terminou aceitando, num diálogo histórico, o ponto de vista de Piaget, que já fora anunciado por Levy Bruhl (Piaget explicou a Lévi-Strauss como pode um grupo humano, no estádio pré-lógico, usar um código de parentesco de cunho lógico, da mesma forma que as abelhas e formigas produzem arquiteturas, complexamente, geométricas. Só agora, pode-se definir o que seja "respeitar a criança", meta da *escola ativa*: respeitá-la é, por exemplo, não exigir dela comportamentos incompatíveis com seu desenvolvimento mental...

Pode-se acompanhar, na criança, a embriogênese da consciência moral (os modelos morais variam de acordo com o nível de desenvolvimento mental). Pode-se mesmo afirmar que as regras morais de um agrupamento variam de acordo com o nível médio de desenvolvimento mental dos indivíduos que o constituem. O uso da liberdade, por exemplo, depende da capacidade de elaborar decisões alternativas (se pedirmos a uma criança que coloque três cubos, nas mais variadas posições, sobre um cartão, a criança encontrará tanto menos posições quanto menor for seu nível de desenvolvimento mental). Apesar de opinião contrária muito divulgada, quanto menor a criança, menos criativa. Em certo nível de desenvolvimento, a criança acha justo, por exemplo, denunciar o companheiro (donde se poder avaliar o nível mental dos alcagüetes). Como se vê, é necessário que o educador conheça, também, a embriologia das condutas que julga serem suas metas de educação. Verifica-se, por exemplo, que só na adolescência (início das operações abstratas) o indivíduo compreende um fenômeno causal dependente de mais de uma variável. A formação de palavras escritas (alfabetização) exige o uso da estrutura mental das combinações e permutações que só se estrutura em idades avançadas. O mundo (cosmo) e a sociedade (relações) revelam-se à criança, lentamente, em etapas sucessivas, como ocorreu com a humanidade (compreensão progressiva da causalidade). A criança filha de "povos primitivos" tem a felicidade de crescer num "mundo infantil" que não exige dela atitudes "adultas"... A complexidade dos fenômenos causais vai se revelando, lentamente, ao indivíduo, como mostra o método científico. O desenvolvimento mental, como que vai abrindo cortinas sucessivas, mostrando aspectos insuspeitáveis da realidade. A criança, como o homem primitivo, vive, num espaço/tempo confinado, iludida pelas aparências das coisas e pela magia dos fenômenos causais, como se saísse, lentamente, de um poço profundo...

AMORIZAÇÃO DA LÓGICA E LOGICIZAÇÃO DO AMOR.

22. Se por um lado, já vai bem avançada a pesquisa científica de caracterização dos estádios e subestádios da maturação do pensamento (estratégias de comportamento), longe está ainda a pesquisa científica de determinar os estádios de maturação afetiva. Ora, concebendo-se a atividade como resultante de uma energética (afetividade) e de uma forma (inteligência), é muito provável que se venha a encontrar, na área da afetividade, estádios correspondentes aos processos intelectivos, vez que não é crível que a maturação afetiva seja processo autônomo, dentro do fenômeno geral do desenvolvimento (amorização *vs.* logicização). A inteligência é o instrumento final da adaptação, de modo que se há uma subordinação é da afetividade à inteligência. Uma "escala de valores" (fenômeno afetivo) termina sendo uma decisão lógica. Assim como se pode controlar as batidas do coração através de um visor que as reproduza (decisão lógica sobre um ritmo biológico), como se pode comandar o relaxamento dos músculos,

é provável que se possa controlar, inteligentemente, as emoções. Existe hoje, um grande esforço de psicanalistas e piagetianos para uma "solução convergente" entre afetividade e inteligência[1].

A função da energética é possibilitar a atividade (entendendo-se que toda atividade tem uma forma ou estrutura: o "grupo dos deslocamentos", por exemplo, é o ápice da atividade sensoriomotora). Mas, é compreensível que o fluxo energético não esteja sincronizado e regulado, segundo os modelos estratégicos da ação. Uma necessidade premente, por exemplo, pode provocar um fluxo de energia incompatível com a finesse das estratégias necessárias para satisfazê-la, provocando a obstrução de certo tipo de ação, conduzindo a ações de nível estratégico inferior. Um indivíduo capaz de alto nível operativo pode comportar-se em nível inferior por razões emocionais (geralmente, neste caso, a análise a posteriori produz "arrependimento"). Existe, pois, em educação, o problema de sincronizar e regular a energética com as estratégias de ação. Tudo se passa como se a inteligência tentasse ordenar o fluxo das emoções para torná-lo compatível com a complexidade maior ou menor dos comportamentos inteligentes. Evidentemente, não se pode raciocinar, matematicamente, em alto nível, em estado de densa emocionalidade. Já as ações sensoriomotoras (sexo, por exemplo) comportam alto grau de energetização. Note-se que a inteligência é um processo de auto-regulação (assimilação ×

---

[1] Uma maneira fácil de se detectar se os estádios de maturação afetiva acompanham os estádios de maturação do pensamento, seria avaliar se as fantasias elaboradas pelas crianças, em suas diversas etapas de desenvolvimento, conforme estudadas e interpretadas pelas teorias psicanalíticas, se coadunam com as explicações causais correspondentes ao nível de desenvolvimento da inteligência em que se encontram. (Nota do Prefaciador.)

acomodação = adaptação), incluindo, nesta regulação, não só as estratégias necessárias, como o fluxo energético, donde J. Piaget considerar a vontade como sua operação afetiva (jogo de motivações).

"É PRECISO MALHAR O FERRO ENQUANTO ESTÁ EM BRASA."

W. James

23. O crescimento intelectual, como o crescimento físico, possui um ritmo que pode ser, evidentemente, acelerado e retardado, na ordem seqüencial, mas não (provavelmente), indefinidamente. Tudo leva a crer que "toda construção nocional ou operatória exige um *optimum* de duração" (Piaget), sendo o problema maior não perder o momento crítico do desenvolvimento em que determinada construção atinge seu maior grau de probabilidade. Por aí se vê a responsabilidade dos mestres que não podem deixar de reconhecer os índices reveladores da entrada da criança em determinado estádio de maturação, o que faz do processo educativo um fenômeno de contínua vigilância e experimentação e de permanente reelaboração metodológica. Ora, esta concepção construtivista exige a reformulação das teorias metodológicas que de estáticas e acabadas, passam a ser seqüenciais e complexificantes. Se a formação de cada estrutura de comportamento tem seu próprio momento crítico (ver a "estampagem" em etologia — K.

Lorenz), é ilusória a tentativa de "educar os adultos" (tomando-se o termo "educar" como o esforço de fazê-lo construir estruturas mentais, que não estruturou, no momento embriológico próprio: é evidente que o adulto aprende *know-how*, indefinidamente). A aprendizagem da linguagem mostra bem este momento ótimo: a linguagem não aparece nem antes, nem depois de determinado momento do desenvolvimento físico e mental (ver o "menino-lobo").

Os biólogos falam em "competência do tecido" para designar o momento em que nele (tecido) se geram certas possibilidades morfogênicas. Como o desenvolvimento mental depende do desenvolvimento nervoso, é provável que não se possa acelerar, além de certa medida, o aparecimento de determinadas estruturas (motoras, verbais e mentais). Mas, o contrário, também, pode acontecer: perder-se o momento embriológico em que determinadas estruturas podem ser construídas. Desta forma, torna-se incompreensível que um educador desconheça as características de cada estádio de desenvolvimento (motor, verbal e mental). Até este momento, os currículos e programas não são confeccionados em vista dos estádios dos jovens que os vão aprender. Tudo é determinado pelas conveniências do educador ou do grupo social (quase sempre convicções preconceituais). Se a sociedade precisa de cidadãos que a defendam... coloca-se, no currículo, "educação moral e cívica"... Se determinada habilidade é útil ao adulto, incorpora-se sua "aprendizagem", em algum momento do ciclo serial! Ora, a simples atividade arcaica de "dar nós", por exemplo, mostra a correspondência entre a complexidade do nó e o nível mental de quem o dá (pode-se avaliar, por exemplo, o nível mental médio de um grupo social, analisando-se os nós que usam, na construção das cabanas, pois esta atividade é, estritamente, individual, não podendo ser interpretada como produto coletivo). Os especialistas em ensino de línguas estrangeiras, apesar de trabalharem sobre o modelo lingüístico vernáculo, lutam para conseguir êxito com os adultos, sinal de que a oportunidade não é adequada.

CONDIÇÕES SOCIOCULTURAIS PODEM DETERMINAR O NÍVEL DE DESENVOLVIMENTO MENTAL POSSÍVEL.

24. Mas, o mais grave desta perspectiva é a repercussão sociológica do fenômeno da educação tomada, agora, como processo assistemático e geral. Se o desenvolvimento mental é um fenômeno de interação com o meio, com pontos críticos que exigem estimulação ótima, pode-se compreender como as situações sociais, econômicas e culturais podem vir a ser fatais e irreversíveis para o desenvolvimento mental. A estratificação social, pois, pode ser realimentada por um círculo vicioso indefinido, fato geralmente atribuído a um inatismo de caráter mais ou menos mágico. A convicção do educador quanto a esta teoria retira-lhe, *ipso facto*, qualquer direito seu à neutralidade diante dos fenômenos sociais, políticos, econômicos e culturais. Todo mundo sabe como é grave, para o desenvolvimento da criança, a gestação em estado de grave pauperismo: as conseqüências podem ser irreversíveis.

Os militantes dos direitos humanos, muitas vezes, agem como se fosse necessário, apenas, "conscientizar" os indivíduos privados de certos direitos. É provável que a privação dos direitos tenha obstaculizado, de tal modo, o desenvolvimento mental que seja impossível às vítimas tomarem consciência de suas privações (a tomada de consciência de certas situações exige determinados níveis de desenvolvimento mental). A forma infantilizante com que a mulher é criada, por exemplo, pode determinar que não desenvolva suas estruturas mentais superiores, impedindo que tome consciência de sua escravidão... criando um círculo vicioso: não se desenvolvem porque são escravizadas e são escravizadas porque não se desenvolvem! Tudo isto cria um problema: como quebrar o círculo vicioso? Os "filhos dos proletários levam desvantagens nos concursos de entrada na escola porque têm baixo nível mental ou têm baixo nível mental porque são filhos de proletários"? Não é com demagogia que se resolvem estes graves problemas... mas com pesquisa científica! Supõe-se, por exemplo, que, alfabetizando os adultos, fornecer-lhes-emos instrumentos de superação de sua situação de inferioridade. A. Koestler narra que um crente rezava, diariamente, a Alá, pedindo-Lhe um ábaco (instrumento de fazer cálculos). Um dia, acorda com um computador ao pé da rede... Não sabe o que fazer dele! A alfabetização é um simples know-how cuja utilidade depende do nível mental de quem o utiliza.

OS QUATRO FATORES DO DESENVOLVIMENTO MENTAL.

25. Não se deve maximizar, apenas, um dos fatores do desenvolvimento, para que a educação não enverede para uma posição distorcida. Pelo menos, quatro fatores atuam, no desenvolvimento: 1) *Fatores hereditários* (possibilidades funcionais a atualizar) ligados às estruturas neurônicas e aos órgãos dos sentidos; 2) *Fatores de experiência física e lógico-matemática* (acréscimos provindos do meio ligados à atualização pelo exercício e às aquisições resultantes das adaptações à experiência física e à experiência lógico-matemática; 3) *Transmissão social* (nível filogenético do grupo humano em que se processa o desenvolvimento individual) ligada, sobretudo, aos fenômenos da linguagem, da cultura e das ideologias e facilidades de interação (dinâmica de grupo); 4) *Fatores de equilibração*, auto-regulação ligada à natureza íntima dos processos de organização — "controle retroativo que mantém o equilíbrio de uma estrutura organizada ou de uma organização em vias

de construção" (Piaget). Se bem observarmos, teremos aí um currículo completo!

Os processos escolares baseados em concepções hoje cientificamente inaceitáveis, não fracassam completamente porque há, sempre, um pouco de verdade em cada uma delas (algo do desenvolvimento mental está ligado, por exemplo, à maturação genética, da mesma forma como muito dele depende de estimulação do meio). O processo educativo assistemático pode completar as lacunas do processo educativo (se as crianças dependessem, exclusivamente, dos educadores, já teríamos degenerado o ser humano). Se o desenvolvimento mental dependesse, exclusivamente, do processo educativo sistemático, as crianças, submetidas a uma pedagogia baseada em "instrução programada", jamais desenvolveriam o pensamento hipotético-dedutivo... As situações vivenciais, geralmente, são mais importantes para o desenvolvimento mental que o processo educativo. Sem o desenvolvimento mental espontâneo, as escolas não funcionariam... Atualmente, a atividade escolar maximiza a linguagem, como mecanismo de "aprendizagem", minimizando a experiência física e lógico-matemática, tomando como modelo de doutrinação as regras, valores e símbolos aceitos pela sociedade. Não existe preocupação em determinar os mecanismos hereditários e em estimular as interações (dinâmica de grupo). Em vez de criarem-se situações que provoquem reequilibrações, o conhecimento é fornecido pronto para memorização (provas e exames). Deste modo, o verdadeiro processo de desenvolvimento mental fica todo por conta das estimulações espontâneas do meio extra-escolar.

"A PEDAGOGIA É A ARTE DE CONSTRUIR A SOCIEDADE."

Ortega y Gasset

26. A educação, em determinado momento histórico, pode intensificar um destes quatro fatores, sem, contudo, eliminar os demais (um país subdesenvolvido recém-libertado pode intensificar, por exemplo, a aquisição de *know-how* e desestimular a transmissão social, a fim de obter da população certos resultados urgentes). Por outro lado, como a sociedade passa por momentos de aceleração da mudança e de consolidação de estruturas conquistadas, em momentos diferentes, pode acontecer que a tônica do processo educativo seja um ou outro dos vários fatores intervenientes, o que faz da educação um processo altamente funcional, do ponto de vista sociológico (se os educadores estiverem realmente convictos de que "a pedagogia é a arte de construção da sociedade futura"). Nos períodos pós-revolucionários, por exemplo, a tônica da educação é a *doutrinação*, com finalidade de solidificação dos ideais revolucionários. Nas sociedades, altamente desenvolvidas, estimula-se,

marcadamente, a criatividade. Fatores hereditários negativos exigem treinamento específico. Em alguns casos, a tônica é a educação profissional ou científica.

Numa população paupérrima, a sobrevivência pode ser necessidade tão premente que o processo educativo se transforme em mero treinamento em técnicas produtivas (é preciso um mínimo de satisfação econômica para que o desenvolvimento mental se processe, normalmente). E por isto que os militantes políticos dedicados à libertação de uma população escravizada censuram o pedagogismo dos educadores que não levam em consideração esta circunstância, errando, apenas, quando absolutizam a circunstância, a ponto de dela tirarem uma teoria geral de educação aplicável a todos os casos... Está em moda juntar, na mesma classe, crianças normais e excepcionais, a título de humanizar o tratamento dado aos deficientes, o que prejudica os excepcionais, por privá-los do treinamento especializado, e as normais, por funcionarem abaixo de sua capacidade (as crianças são, extremamente, exigentes, em matéria de homogeneidade do grupo de convivência). O ideal seria equilibrar os vários fatores de desenvolvimento, mesmo nos casos de urgente predomínio de um dos fatores, mesmo porque, até no caso da opção pela profissionalização, pode-se encaminhá-la de forma crítica (equilibração). O que se indaga, em última análise, é se a sociedade para a qual se prepara o educando é estática ou dinâmica (é o dinamismo que preserva o que os partidários do imobilismo pretendem conservar, pois a própria flutuação das gerações põe em questão a permanência das regras, valores e símbolos).

A VIDA MENTAL TEM RAÍZES BIOQUÍMICAS.

27. Se considerarmos o indivíduo e a sociedade (sem esquecermos o meio físico próximo e o meio cósmico) como processos em estruturação, cadinho em que se realizam fenômenos de organização, adaptação, assimilação, acomodação, antecipação, regulação, reprodução e equilibração, isto é, se transpusermos para o plano psicossociológico os fenômenos básicos da vida, compreendendo-os como complexificação de uma construção seqüencial, teremos de reelaborar a teoria da educação para torná-la compatível com os mecanismos fenomenológicos espontâneos. Os indivíduos e as sociedades são "seres" em permanente reequilibração, sobretudo, em seus períodos de crescimento. É esta concepção dinâmica que deve ser introduzida na teoria de educação para adequá-la aos processos com que manipula.

É incompreensível que os educadores não tenham, até aqui, buscado seus modelos de educação nos mecanismos de funcionamento e de evolução do processo vital. Para que os fenômenos psicológicos e sociológicos não tivessem suas raízes e seus modelos funcionais na biologia, seria necessário que o psiquismo e a organização social tivessem saído da "cartola do mágico"... Deve haver, necessariamente, um momento em que a bioquímica se transforma em atividade mental (o grande esforço de Jean Piaget foi explicar esta passagem: ver seu livro Biologia e Conhecimento*). A organização social, por sua vez, resultando das interações dos indivíduos que a constituem, subordina-se ao nível mental médio dos membros da sociedade. É esta idéia de que as estruturas estão em contínuo processo morfogenético ("não há estrutura sem gênese") que modifica a forma de encarar os indivíduos e a sociedade. O fato de as estruturas aparecerem em planos sucessivos de complexificação não elimina a infra-estrutura bioquímica em que se apóiam, de modo que se pode pesquisar a "bioquímica dos fenômenos sociológicos", donde, hoje, falar-se em "transdisciplinaridade dos fenômenos" — dado o dinamismo estruturador; o mesmo fenômeno pode aparecer, em níveis tão diferentes, o que justifica a convergência de várias disciplinas científicas para compreendê-lo.*

"A JUVENTUDE É O MOTOR DA HISTÓRIA" (L.O.L.)

28. Esta volta à fonte da vida — depois da desobstrução das alienações devidas a uma superestrutura que deformou o sentido intrínseco da existência — faz da educação das novas gerações o eixo filogenético da evolução humana. Participar das recombinações que se processam a partir de cada geração montante é inserir-se dentro do próprio processo evolutivo, vez que a evolução não é senão uma reconstrução do estádio anterior, a partir de novos instrumentos postos à disposição do desenvolvimento. É evidente que o setor da totalidade que mais plasticidade possuir pelo fato mesmo de estar em estado embriológico será o que produzirá a ultrapassagem. É porque a vida se renova (reprodução) que a evolução é possível. J. Piaget estranha que os sociólogos não tenham dado maior importância ao fluxo das novas gerações, nas mudanças sociais, vez que elas jamais assimilam, integralmente, as *regras*, *valores* e *símbolos* da sociedade adulta.

Toda reorganização supõe que o processo esteja em curso, donde as reequilibrações se produzirem no período embriológico. Toda criatividade supõe um processo dialético (comportamento procedural). Se a estrutura entrou em equilíbrio, é pouco provável que se reestruture. É compreensível que as novas formas resultem do processo morfogenético (resultem do momento em que as formas estão em construção). O jovem tem, evidentemente, muito mais possibilidade de adotar novas formas socioculturais que os adultos (a talidomida, por exemplo, só produz deformações no processo embriogenético nas etapas iniciais do processo). Os jovens (pela idade ou pelo espírito), indivíduos que ainda estão, mentalmente, construindo estruturas mentais (pensamento dialético), são os que produzem transformações sociais.

AS POSSIBILIDADES DE RECONSTRUÇÃO BIOLÓGICAS, PSICOLÓGICAS E SOCIOLÓGICAS.

29. Se as possibilidades anatomofisiológicas de reconstrução — apesar da estabilidade aparente a que chegou o processo biológico — são indisfarçáveis, podem-se imaginar as possibilidades combinatórias da plasticidade psicológica. Se "cada geração — com relação à anterior — comporta uma reconstrução ontogenética com possibilidade de ultrapassagem ou regressão" (Piaget), no plano psicológico estas possibilidades avultam dado o caráter cada vez mais plástico das equilibrações de caráter simbólico e representado. A marcha embriológica da interiorização da ação é, também, uma marcha para equilibrações cada vez mais móveis e mais estáveis. Educar as novas gerações, portanto, é participar de um processo criativo desafiante, ligado diretamente ao futuro da humanidade.

Se aceitarmos a teoria da evolução (há, hoje, quem fale no "obsoletismo" da teoria da evolução, evidentemente, ressuscitando o criacionismo bíblico), teremos de admitir a extrema plasticidade morfogenética das estruturas vitais (apesar de poder-se identificar linhas gerais presentes em todas as metamorfoses). O milagre embriológico da gestação de uma criança, a partir de um óvulo fecundado, em apenas nove meses, no útero materno, mostra, inquestionavelmente, a plasticidade morfológica das estruturas vitais. A construção do comportamento (motor, verbal e mental) é, absolutamente, idêntica (diz Jean Piaget), do ponto de vista funcional ("a função é invariante: o que se transforma é a estrutura"). Do ponto de vista psicológico, a diferença está na multiplicidade infinita das influências do meio (fato que não ocorre, no nicho uterino, altamente especializado para dar oportunidade ao código genético de realizar o programa hereditário: uma ecologia, altamente homogênea e estável funciona, estritamente, como um útero, como é o caso dos povos selvagens). A infinita variedade de influências mesológicas torna a embriologia psicológica um processo de maior ou menor probabilidade (os indivíduos que não desenvolvem, plenamente, as possibilidades genéticas são verdadeiros embriões).

A LONGA GESTAÇÃO PSICOSSOCIOLÓGICA: QUANTO MAIS COMPLEXO O ANIMAL, MAIS LONGA DEVE SER SUA EMBRIOLOGIA.

30. Por outro lado, se a embriologia das estruturas de reprodução biológica é relativamente rápida (gestação e crescimento), o desenvolvimento das equilibrações psicológicas é longo e sinuoso. Se o sistema nervoso de que depende o desenvolvimento mental, demora de 15 a 16 anos para concluir sua embriologia, o processo de interiorização simbólica da realidade, a partir das primeiras ações e percepções, pode compreender quase um terço da vida do indivíduo, com a agravante de ser um processo estritamente ligado às interações com o meio. Se se observam desnivelamentos brutais, dentro de uma sociedade, nos graus de maturação psicológica, é que esta sociedade não sistematizou e institucionalizou os instrumentos de estimulação do crescimento mental de todos os indivíduos das novas gerações.

Uma sociedade estratificada, em classes, com desníveis culturais e econômicos, cria nichos ecológicos altamente diversos para o desenvolvimento dos membros das novas gerações. Se houvesse um mínimo de uniformidade nas condições materiais de uma população, o mais provável seria que o desenvolvimento mental tendesse, também, para a uniformidade (biologicamente, a "população" tende a compensar as diferenças, num balanço genético que mantém a identidade específica). A presença de bem-dotados no corpo social deve ser explicada, sobretudo, por motivos ligados a condições privilegiadas, durante o período de desenvolvimento. A presença de uma biblioteca, por exemplo, cria condições excepcionais de desenvolvimento mental. Extremas diferenças socioeconômicas e culturais do ambiente familiar, provavelmente, criam estimulações e frenagens no desenvolvimento mental.

O SENSORIOMOTOR: ALICERCE DAS CONSTRUÇÕES POSTERIORES (REPRESENTAÇÃO, LINGUAGEM, OPERAÇÕES).

31. Dada a heterogeneidade das estruturas sucessivas do desenvolvimento (apesar da continuidade funcional), as tarefas educativas se diversificam, ao longo do processo: de *0 a 1,5 ou 2 anos* (período muito mais longo que o período respectivo da maioria dos animais), desenvolvem-se, na criança, as coordenações motoras, na direção do "grupo dos deslocamentos", e as regulagens da percepção, em busca da "construção do objeto" (espaço, tempo, causalidade, etc.). Como o comportamento do ser humano não tem, praticamente, programação hereditária, este período constitui (só hoje se atenta para o fato) fator fundamental para todo o resto do desenvolvimento, vez que todos os processos posteriores de equilibração estão implícitos na "lógica" dos movimentos e da percepção. Praticamente, a reflexão pedagógica não atentou ainda para a maturação psicológica deste período crítico, abandonando-o à inércia do próprio crescimento físico que é regido pelos códigos hereditários.

A primeira etapa (estádio) do desenvolvimento mental consiste na coordenação das montagens hereditárias (reflexos ligados ao funcionamento dos órgãos). Só o ser humano nasce sem esta coordenação básica, mostrando como tudo o mais (no comportamento moral, verbal e mental) irá depender de coordenação (combinatórias). A criança leva quase dois anos para andar e para pegar os objetos (manipulação). Aos vinte e quatro meses (nas crianças de desenvolvimento "normal"), a criança já alcançou um grau de desenvolvimento comportamental (motor) superior ao de um macaco adulto (uso de meios para alcançar um fim = inteligência). Uma criança "normal" de dois anos já é o animal mais inteligente da escala zoológica. Nos quinze anos seguintes (dada a função semiótica que só aparece no ser humano), o desenvolvimento consiste em "dublar" a atividade sensoriomotora em linguagem, representação e operações.

FUNÇÃO SEMIÓTICA: A REPRESENTAÇÃO DO REAL (SIGNIFICADOS E SIGNIFICANTES).

32. De 1 e 1,5/2 anos a 4/5 anos (naturalmente, com as defasagens correspondentes a cada contexto sociológico e cultural), dá-se o processo de construção da função semiótica de que a linguagem, a imitação diferida, o jogo simbólico, a imaginação são os resultados mais evidentes. É a construção da "experiência mental" que irá, aos poucos, substituindo a "experiência física", interiorização que visa a traduzir em imagens a realidade concreta, o que possibilita, no futuro, os jogos operatórios. Sabendo-se que a imagem não é uma "cópia" da realidade, mas uma construção individual que deve ser socializada (símbolos vs. signos) pode-se imaginar as conseqüências pedagógicas de uma tal constatação, gerando todo um esforço educativo em torno da imitação diferida, do jogo simbólico, do desenho e do uso socializado da linguagem.

Dada a função semiótica (capacidade de fazer qualquer coisa significar qualquer coisa), a atividade (inteligência) pode "trabalhar" com as coisas (significados) ou com seus substitutos (significantes). A primeira fase do desenvolvimento mental consiste em representar (apresentar de novo): a representação está para o pensamento, como a percepção está para a motricidade. Assim como, no sensoriomotor, a "atividade perceptiva" teve que construir, lentamente (24 meses), a "permanência do objeto", a "atividade motora", o "grupo dos deslocamentos", da mesma forma, mentalmente, o desenvolvimento vai iniciar-se pela construção da "imagem mental" e das "articulações" que irão constituir (dez/doze anos mais tarde) as operações. Pode-se seguir, passo a passo, a embriologia das estruturas da linguagem e do pensamento (estruturas de partição, deslocamentos, classificação, seriação, etc.).

A DESCOBERTA DOS SÍMBOLOS (IMAGEM MENTAL).

33. Entre 2 e 4/5 anos (nas crianças de desenvolvimento "normal"), processa-se a "interiorização da ação" (a ação passa a ocorrer no cérebro sem concomitância motora). Há dois aspectos da atividade a "interiorizar": a) o aspecto *presentativo* do real ("lido", até então, pela percepção) que irá aparecer, agora, como "imagem mental" (representação do real: objeto, tempo, espaço, causalidade) e b) o aspecto *procedural* (equivalente à motricidade) que irá transformar-se, muito mais tarde, em operações. A "interiorização" da inteligência sensoriomotora faz-se a partir do fenômeno da imitação (entendendo-se que imitação é uma atividade como outra qualquer, donde se conclui que "não há leitura direta da experiência", como pretendem os partidários da fenomenologia). A primeira atividade procedural "interiorizada" é denominada de *pensamento simbólico* de caráter pré-lógico, gerando o jogo simbólico e as interpretações animistas, finalistas, fenome-

nológicas, artificialistas, etc., da causalidade. A descoberta da representação mental empolga, de tal modo, a criança que sua atitude assemelha-se a um autismo (desligamento da realidade).

O pensamento simbólico não é um instrumento eficaz e eficiente para a solução de problemas reais (para resolver os problemas reais, a criança continua a desenvolver a inteligência prática). A transposição do real para o mundo imaginário fornece à criança poderoso instrumento de realização fictícia (liquidação das desejabilidades). Podendo atender a qualquer "desejo", o pensamento simbólico passa a ser a expressão da afetividade, função que exercerá pelo resto da vida (as operações lógico-matemáticas e o pensamento hipotético-dedutivo, em seu rígido formalismo, não se prestam para a expressão do vivencial). Daí para a frente, encontrar-se-á sempre, de um lado, o conhecimento presentativo (compreensão do real) e o conhecimento procedural (mecanismos de resolver problemas e de atingir um objetivo) e, de outro, o pensamento simbólico pré-lógico ligado à expressão dos desejos e o pensamento lógico-matemático a serviço da objetividade (mesmo que seja ela virtual).

A REPRESENTAÇÃO ESTÁTICA, EM FORMA DE CONFIGURAÇÕES (REPRESENTAÇÃO DOS ESTADOS).

34. De 4/5 a 7/8 anos, processa-se na criança a fase intuitiva, em que ela experimenta manipular a realidade através do sistema simbólico, ligando a ação à representação. Mas, como todas as fases seguintes recapitulam e reconstroem a fase anterior, o longo esforço da criança é dar o mínimo de reversibilidade às configurações estáticas (*gestalten*) elaboradas neste período. Neste momento, pode-se observar evidente defasagem entre a lógica da ação e o pensamento simbólico. Seu isolamento psicológico não deixa aparecerem constrangimentos exteriores que forcem o descongelamento das configurações mentais tornando-as funcionais para a direção da ação. Entregues a si mesmas, as crianças poderiam permanecer, indefinidamente, neste estádio que representa o ponto crítico para a aquisição da operacionalidade, fase que representa, justamente, a idade limite tradicional do acesso à escolarização.

Grande parcela (talvez, a maioria) dos indivíduos paralisa seu desenvolvimento mental neste estádio (representação estática dos estados e incapacidade de representação das transformações). Por falta de flexibilidade (reversibilidade, associatividade, etc.), o pensamento intuitivo é incapaz de gerar a "álgebra das proposições" (lógica), donde o pensamento apresentar-se como crença (ausência do esforço de prova empírica e/ou lógica). O pensamento intuitivo funciona como um filme projetado em câmara lenta (estados sucessivos, sem a compreensão do movimento). Como a inteligência intuitiva é "dura" (sem reversibilidade), dificilmente o intuitivo é capaz de colocar-se no ponto de vista do outro, donde ser difícil a cooperação (socialização). E, aqui, atingimos a fronteira entre a psicologia e a sociologia: a socialização (fenômeno da sociologia) depende de certo nível de desenvolvimento mental (fenômeno psicológico). Os sociólogos pensam as interações sociológicas (construção de regras, valores e símbolos) sem atentar para o nível de desenvolvimento dos indivíduos que interagem...

AGRUPAMENTOS: PRIMEIRAS ESTRUTURAS LÓGICAS ELEMENTARES (ORGANIZAÇÃO DA REALIDADE).

35. De 7/8 a 11/12 anos, período que, tradicionalmente, corresponde ao da escola primária, o desenvolvimento atinge a fase de operacionalidade (concreta), em que se realiza a síntese entre a ação motora e a atividade representada. Dá-se o descongelamento progressivo das configurações pelas ações virtuais de reversibilidade, associatividade etc., tornando-se possível, embora, ainda concretamente, "movimentar" as configurações (*gestalten*) na formação de sistemas transformacionais (encaixes, transportes, seriação, ordenação, etc.). Aceita como tal, esta fase de maturação põe em questão todas as concepções vigentes sobre educação primária que, atualmente, preocupam-se, apenas, com as "técnicas básicas"! O jogo simbólico das fases anteriores passa a ser um processo de "manipulação" que oscila entre a desmontagem e a reconstrução do objeto, na busca da compreensão e explicação dos sistemas. É provável que a formação do professor primário tenha

que ser inteiramente revista, para adequar a ação didática a esta fase de maturação.

Com a reversibilidade (por inversão e por reciprocidade), o pensamento começa a tornar-se operatório e a construir as primeiras estruturas lógicas e invariâncias (de substância, de peso, de volume, de quantidade, de medida, de número, etc.). Mas, este tipo de pensamento não pode prescindir do real (concreto ou virtual, percebido ou representado). O real deixa de ser uma figura ou uma configuração, para submeter-se às categorias do pensamento (classificações, correspondências, seriação, etc.). Não tendo atingido ainda a plena combinatória, o pensamento estrutura-se em modelos que Jean Piaget denominou "agrupamentos" (por não terem atingido o nível operacional dos grupos matemáticos, o que mostra que as estruturas matemáticas também resultam de um processo construtivo ou dialético). Atualmente, a escola primária concentra-se no esforço obsessivo de alfabetização, quando o problema, do ponto de vista do desenvolvimento mental, é a logicização do pensamento, a geometrização do real e compreensão da causalidade.

A CONSTRUÇÃO DA HIPÓTESE E A ABERTURA PARA TODOS OS POSSÍVEIS.

36. De 11/12 anos em diante (adolescência), se os processos de estimulação não tiverem sido deficientes ou ineficientes, inicia-se a fase "metafísica" (Piaget) do desenvolvimento mental pela utilização da linguagem (signos socializados), como instrumento de pensamento e guia da ação. O uso da linguagem, deste momento em diante, passa a ser de natureza, estritamente, logicizante. Se lembrarmos que todo processo educativo (desde a mais tenra infância até a universidade) tem sido, fundamentalmente, verbal, podemos imaginar a falta de sintonia entre o processo pedagógico e o processo de desenvolvimento. Mas, mesmo considerando a verbalidade como componente do desenvolvimento (a partir do segundo estádio), há que se atentar para a modificação permanente da funcionalidade deste instrumento de adaptação simbólica, que vai da pura expressão individual dos símbolos recém-construídos à pureza denotativa dos signos logísticos, nas operações lógico-matemáticas.

O período das operações abstratas (pensamento hipotético-dedutivo ou lógico formal) resulta da fusão das estruturas algébricas (grupos) e as estruturas de ordem (redes), produzindo o chamado grupo das quaternalidades. O pensamento começa a trabalhar, então, com hipóteses. O processo dialético (heurístico) atinge o máximo de variações construtivas (tendendo para o infinito: a curva da criatividade torna-se exponencial). O máximo do pensamento lógico-formal e hipotético-dedutivo corresponde, também, ao máximo de abertura (superação das fronteiras das estruturas operatórias), evidentemente, se a educação não privilegiar, apenas, a dedutividade (daí a importância do método científico que é, essencialmente, dialético). Neste momento, a criança defronta-se com a sociedade adulta (conflito de gerações), passando o aspecto sociológico do desenvolvimento mental a ter importância prioritária (o adolescente defronta-se com o problema de aceitar as regras, valores e símbolos da sociedade adulta, oscilando entre a conformação e a transformação, conforme a força coatora da gerontocracia). Poucos indivíduos atingem este nível de desenvolvimento, mesmo porque o sistema escolar (e o contexto social) não se empenham em sua estimulação (o pensamento hipotético e dialético põem em questão o status quo, dando a impressão de que quem o utiliza é "subversivo", isto é, não aceita as regras do jogo).

A CONSTRUÇÃO DO CONHECIMENTO CIENTÍFICO

37. Para que não haja quebra de continuidade funcional (progressiva equilibração, na direção dos sistemas, altamente operatórios), mesmo transposto o período plástico do desenvolvimento embriológico do pensamento apresenta-se, logo em seguida, o problema epistemológico da *construção do conhecimento científico* (domínio da realidade e extensão do meio pelos mecanismos mentais). A ontogênese (psicogênese) prolonga-se na filogênese (sociogênese): a compreensão da construção do conhecimento socializado (ciência) é ainda um problema relacionado com o processo educativo. Neste sentido, dever-se-ia reexaminar todo o ensino universitário para conciliar a formação profissional de interesse histórico e momentâneo com o problema geral da humanidade de construir uma interpretação coletiva de equilibração com toda a realidade.

Acompanhando-se o desenvolvimento mental, verifica-se que a interpretação da realidade é um reflexo das estruturas mentais sucessivas (uma coisa é a "interpretação" do real e outra é o uso prático da realidade: os dois processos podem ser antagônicos, em certos momentos do desenvolvimento). Os pensamentos simbólico e intuitivo geram explicações animistas, finalistas, artificialistas, etc. e desconhecem as transformações (estas só são apreendidas com o acesso ao pensamento operatório). Mas, mesmo o pensamento hipotético-dedutivo pode gerar sistemas lógicos de perfeita coerência (ideologias, por exemplo) que nada tenha com o real (a prova discursiva não é suficiente para comprovar a correspondência real entre a teoria e o real). O método científico foi uma invasão que dá o mínimo de credibilidade às interpretações (observação e experimentação). Por outro lado, o método científico aceita que as interpretações do real são "aproximações" sucessivas ("o conhecimento do objeto é um limite matemático"), de modo que incorpora a "dúvida metódica" e estimula o pensamento dialético (heurístico). Faz parte do método científico a mudança sucessiva de "paradigmas", aceitando-se que todo conhecimento do real é provisório (no que se distingue do pensamento hipotético dedutivo).

O PENSAMENTO LÓGICO-MATEMÁTICO É A META FINAL DO DESENVOLVIMENTO MENTAL.

38. Tomando-se a equilibração progressiva como regulador do processo vital necessário é admitir que, quando este processo toma as características de "conhecimento", as equilibrações tendem para a logicização e para a matematização, postas, assim, estas formas de pensamento como meta pedagógica. De fato "as estruturas lógico-matemáticas prolongam, mais estreitamente do que parece, o funcionamento organizador geral comum a toda estrutura vivente, pelo fato mesmo de este funcionamento estar presente na ação e no sistema nervoso, bem como em todas outras organizações e pelo fato de a abstração reflexiva não reconhecer começo absoluto e remontar até às *reconstruções convergentes com ultrapassagem* comuns a todas as construções organizadas" (Piaget).

É estranho que haja preconceito generalizado contra a lógica e a matemática (a lógica não é objeto de preocupações pedagógicas e a matemática é a "pedra no caminho" da maioria dos alunos). É que o acesso ao pensamento lógico-matemático é difícil (enquanto o pensamento simbólico é fluido e exuberante, o pensamento operatório é altamente disciplinado, comportando intricada "álgebra" que garante sua "veracidade"). É possível que este preconceito advenha da ausência de estimulação paralela do pensamento dialético (heurístico). A ênfase na dedutibilidade pode parecer um fechamento para a criatividade (abertura para todos os possíveis). Piaget afirma: "a lógica é a inteligência, mas a inteligência não é só a lógica". O pensamento dialético é extremamente aberto às mais bizarras combinações (donde a técnica chamada de "tempestade cerebral"). Ao lado das práticas dedutivas, nos currículos, deveria estar prevista a exercitação no pensamento dialético, hipótese em que a "verificação" (a camisa-de-força da criatividade) consistiria em constatar a originalidade. O sistema escolar visa a evitar o erro e o pensamento dialético apóia-se na aceitação da possibilidade de errar...

A SOCIALIZAÇÃO É UM MECANISMO E O RESULTADO DO DESENVOLVIMENTO MENTAL.

39. No ser humano, a partir de um certo momento da embriologia mental, as interações com o meio sociocultural (sociedade e cultura) tornam-se dominantes (servindo a linguagem de mediador), podendo esta interação resultar em conformação ou em estímulo à superação do egocentrismo. Aproximadamente, aos sete e oito anos, na medida que se iniciam os processos de equilibração (reversibilidade, associatividade, composição, etc.) das estruturas configuracionais (*gestalten*) do pensamento, as trocas interpessoais tornam-se condição *sine qua non* do prosseguimento da maturação, a ponto de Piaget perguntar: "A criança, nesta idade, procura as relações (jogos) com os demais porque se está tornando operatória ou se torna operatória porque procura as relações interpessoais?" Este fato fundamental do desenvolvimento psicológico coloca, pedagogicamente, em termos muito mais graves o problema das técnicas de socialização, modificando profundamente a própria estrutura da atividade didática.

A privação de interações interpessoais pode ser fator de frenagem, no desenvolvimento mental, a partir do estádio das operações concretas. O confinamento sociocultural (criação clássica) da mulher (confinamento que teria como objetivo preservar "virtudes" femininas, como virgindade, pudor, fidelidade, etc.) pode ter determinado a desaceleração de seu desenvolvimento mental. As relações interpessoais forçam (ou permitem) a compreensão do ponto de vista do outro, descongelando o egocentrismo (intuições). Daí a importância da discussão, nas últimas etapas do desenvolvimento ("a discussão é uma reflexão falada e a reflexão é uma discussão silenciosa" — Jean Piaget). É por isto que o trabalho científico exige a discussão (simpósios, congressos, painéis, mesas-redondas ou simples diálogo). A discussão (interação entre os indivíduos) é uma forma de tornar o pensamento dialético (conciliação dos contrários).

PODE-SE CONCEBER A "POPULAÇÃO" COMO UM ENTE EM QUE OS INDIVÍDUOS SÃO OS ELEMENTOS CONSTITUTIVOS.

40. O estudo da psicologia animal com relação aos fenômenos de "população" leva os psicólogos a examinar o desenvolvimento mental como fenômeno grupal e a tentar estabelecer o que, no conhecimento, é propriamente coletivo ou individual. Ora, tomando-se a ciência como um todo autônomo, aparece ela como *"o esforço de um só pesquisador que aprendesse, indefinidamente"*. "O sujeito epistêmico que constrói a lógica e a matemática é tanto individual (mas, descentrado de seu *eu* particular) quanto um setor do grupo (descentrado com relação aos ídolos constrangedores da tribo!), vez que estes dois tipos de descentração manifestam, cada um de per si, as mesmas interações intelectuais ou coordenações gerais da ação que constituem o conhecimento" (Piaget).

Não seria anômalo considerar-se o formigueiro ou a colméia como um "animal", constituindo as formigas e as abelhas "órgãos" (partes) ligados entre si com franca coesão (pode-se determinar a maior ou menor coesão das partes de um todo). A dinâmica de grupo tem estudado, profundamente, a intersubjetividade dos indivíduos agindo coletivamente. O grupo (de acordo com o mecanismo de interação dos indivíduos que o constituem: anomia, heteronomia, autonomia) pode ser fator de conformação e de opressão ou de autonomia, de identificação pessoal e de criatividade (a formação de um grupo também tem uma embriogênese: indiferenciação, diferenciação e integração, o que não é senão as etapas do processo dialético). É preciso reexaminar os fatos sociológicos e políticos, também, do ponto de vista da psicologia e da microssociologia.

A GENIALIDADE, MUITAS VEZES, EXPLICA-SE POR FELIZ SÍNTESE DE CONHECIMENTOS RESULTANTES DA INTERAÇÃO.

41. "O indivíduo não chega a invenções e construções intelectuais próprias senão na medida em que se torna sede de interações coletivas cujo nível e valor dependem, naturalmente, da sociedade em seu conjunto". (Piaget). O educador não pode subestimar o fato de o processo escolar estar inserido numa sociedade e dentro de uma cultura que não só possuem um grau de desenvolvimento com relação à humanidade, como um todo, como também estratos profundamente diversificados relativos à estrutura da própria sociedade em referência. Daí a evidente extensão do fenômeno educativo para a sociedade como um todo, em vez de restringi-lo à mera enculturação das novas gerações (educação permanente).

A colaboração entre um biólogo e um matemático produziu a cibernética. Como a criatividade é sempre um processo combinatório (dialético), é compreensível que a interação entre os indivíduos seja fonte de criatividade. Para que, num indivíduo, surja uma "grande idéia" não é necessário que seja um "gênio" (supondo-se que existam gênios, o que é duvidoso). Basta que nele se tenham aglutinado (sintetizado) informações das mais diversas procedências (donde se conclui quanto pode ser estéril a extrema especialização).

A DEMOCRACIA É UM FATOR DE ESTIMULAÇÃO DO DESENVOLVIMENTO MENTAL NA MEDIDA EM QUE SE BASEIA NA DISCUSSÃO.

42. Por outro lado, a própria textura qualitativa do processo social dentro do qual se processa o fenômeno da educação tem significado fundamental como determinante dos níveis possíveis de desenvolvimento. Se o fenômeno da maturação, a uma certa altura, depende das interações interpessoais, é evidente que o nível das trocas possíveis entre os indivíduos que constituem a sociedade determina as possibilidades de desenvolvimento geral. É neste nível que toma vulto para o processo educativo o nível político da sociedade (sociedade aberta e sociedade fechada), aparecendo como a própria projeção dos ideais humanísticos do corpo social.

O lamentável das organizações heteronômicas (chefia, hierarquia, verticalidade, etc.) não é tanto a dominação e o cerceamento da liberdade, mas o imenso desperdício das capacidades dos indivíduos proibidos de participar. Se todos os operários de uma fábrica fossem estimulados a participar, discutir, criticar, haveria verdadeira explosão de criatividade. Os indivíduos que sustentam as organizações heterenômicas, supondo que a dominação lhes traz vantagens, estão sendo privados do imenso enriquecimento que poderia resultar das interações livres.

"A IDADE DA GRAÇA SOCIAL E A REVOLUÇÃO COPERNICANA DO EU."

43. O problema da interação, embora avulte a partir da chamada "idade da graça social" (Cousinet), apresenta-se desde a mais tenra infância. O próprio núcleo biológico (o clã familiar) com suas formas de "educação dura" ou de "educação mole" influi, profundamente, não só na formação da "personalidade de base" (aspecto reacional e afetivo), como no desenvolvimento da *reciprocidade* (nivelamento das relações familiares), condição indispensável de reversibilidade nas trocas intelectuais. A facilitação das trocas pelo nivelamento precoce dentro do próprio núcleo biológico (extensão da vida uterina com relação à inserção no corpo social adulto) acelera, indiscutivelmente, a chamada "revolução copernicana do *eu*" (Piaget), através da socialização resultante da reciprocidade.

Jean Piaget chama a atenção dos sociólogos para a "sociologia das crianças" (microssociologia): as crianças também formam sociedades (infantis) a que os adultos não têm acesso (a tradição dos jogos infantis não passa pelos adultos, salvo quando passa a ser objeto de educação). As "sociedades infantis" têm profunda influência na chamada "revolução copernicana do eu" (o eu deixa de ser o centro referencial da ação e do pensamento para colocar-se na órbita, como outro eu qualquer). Toda literatura sobre crianças gira em torno de "pais e filhos" (por influência freudiana), quando o problema é a independentização e a socialização da criança (assim como o momento biológico máximo é o parto, da mesma forma, do ponto de vista sociológico, o problema é a descentração do eu). Nas tribos primitivas é muito mais fácil perceberem-se as "sociedades infantis", dada a "fraqueza" do núcleo familiar (criação coletiva das crianças). Provavelmente, voltaremos à criação coletiva das crianças (creches, escolas maternais e jardins de infância, comunidades, etc.).

A REVOLUÇÃO PERMANENTE DEPENDE DA MANEIRA COMO AS CRIANÇAS SÃO CRIADAS.

44. As próprias forças reguladoras da sociedade (direito, moral, economia, política, cultura, etc.) sofrem a influência (por retroefeito) das formas de criação das crianças na medida em que dominam trocas heteronômicas ou autônomas nas relações entre os adultos e os imaturos. A "moral do dever" (heteronomia) ou a "moral da cooperação" (autonomia) impostas às crianças, nos lares ou nas escolas, determinam não só o grau de aceleração da maturação quanto o nível operatório da própria sociedade (autocrática e democrática). As relações de autonomia, favorecendo as recombinações livres e criativas das novas gerações, produzem não só uma aceleração geral nos processos sociológicos, como um clima de *ultrapassagem* próprio das reorganizações.

Jean Piaget observa que a primeira providência do ditador ao empolgar o Poder é "reorganizar a educação das crianças" para assegurar-se, diacronicamente, da continuidade da "revolução" (ver a preocupação brasileira com "moral e civismo", "estudos brasileiros", "organização social e política", "educação física", "esportes", etc.). O decreto 477 que emudeceu a voz dos jovens, nas universidades, tem conseqüências muito mais funestas que a Lei de Segurança Nacional: toda uma geração de jovens foi privada de estimulação para desenvolver o pensamento hipotético-dedutivo e dialético (discussão, movimentos estudantis, etc.).

A FISSÃO DO CLÃ FAMILIAR É TÃO IMPORTANTE EM SOCIOLOGIA QUANTO A FISSÃO DO ÁTOMO NA TECNOLOGIA.

45. O fenômeno moderno de concentração dos clãs rurais (feudos, fazendas, etc.) pela *urbanização* (equipamento coletivo), *industrialização* (produção em massa) e pelas *comunicações* (retribalização, segundo McLuhan), favorecendo o escape dos jovens da dominação clânica tradicional (fissão do clã familiar) coloca em novos termos todo processo educativo (explosão da juventude) que, de uma *"continuação da educação familiar"*, passa a ser um fenômeno autônomo dentro da sociedade, como se a educação artesanal se industrializasse, repentinamente. É como se a sociedade (superando sua composição celular clânica) tomasse conhecimento de mais uma função que passa a ser sua como tantas outras, tradicionalmente, de interesse privado.

O fenômeno mais revolucionário da situação sociocultural do nosso país é, talvez, o aparecimento das chamadas "comunidades de base" (infelizmente, ainda muito "verbais" e sem estrutura jurídica, isto é, muito "eclesiais" e sem coesão interna capaz de provocar verdadeira vida comunitária e solidariedade econômica). Mas, o próprio fato de os indivíduos (a população como um todo) terem um fórum que produz a fusão do clã familiar já é uma "revolução" (a família é, talvez, o núcleo mais resistente à socialização, constituindo-se como um "micro-estado" autônomo, cujas relações lembram muito a "política internacional", onde tem sido impossível a formação de comunidades).

REAPARECIMENTO DO LAZER E DO "HOMO LUDENS": A ALEGRIA DE VIVER.

46. Mas, é a própria estrutura do homem que parece ter dado um "salto qualitativo" com os fenômenos da modernidade. As necessidades básicas de *sobrevivência* (nutrição-consumo de massa), de *segurança* (proteção--equipamento coletivo) e de *reprodução* (conservação da prole — sistema educativo) aproximando-se do nível *optimum* com o planejamento estatal (superação da economia artesanal do clã), parecem ganhar dimensão nova introduzindo o *lazer* como uma das metas fundamentais da forma de viver, levando a extensão do meio para o nível interplanetário. Pela primeira vez na história do homem sobre a terra, vislumbra-se a possibilidade de *superação da raridade* que norteou todo esforço estruturador das organizações sociais.

Não fosse a usurpação da propriedade e dos meios de produção por uma classe social, a tecnologia já teria vencido os problemas que põem em risco a sobrevivência *(o homem, através das idades, tem vivido obsessivamente preocupado com a sobrevivência: a acumulação resultante do uso da tecnologia não tem tido proveito para o grosso da população, concentrando-se numa pequena parcela de indivíduos que, através dela, domina o Poder). A reorganização da sociedade (supressão da mais-valia em benefício de uns poucos) daria chance a todos de usufruírem o lazer. O lazer (o brinquedo) é uma atividade intrinsecamente estimuladora do desenvolvimento mental (donde a ocupação das crianças ser, fundamentalmente, brincar: brincar é exercer, plenamente, a operatividade e exercitar o pensamento dialético). A automação, progressivamente, eliminará a compulsão do trabalho, reintroduzindo a festa como fenômeno sociológico fundamental, como nas sociedades primitivas.*

**A HISTÓRIA DA HUMANIDADE
TEM SIDO UMA LONGA DISPUTA ENTRE
O TRABALHO E A FESTA.**

47. Não possuindo equipamento hereditário de sobrevivência (*savoir inné*) como os animais (equipamento instintivo), o grande esforço do homem concentrou-se na aquisição de *know-how* (construção do equipamento tecnológico), esta espécie de "instinto adquirido" de sobrevivência. Com o domínio da energia atômica e com a automação (cibernética), parece ter-se chegado ao limite operatório (exploração das possibilidades da estrutura) do esforço tecnológico, o que pode ter profunda influência nas concepções educativas. Se as necessidades básicas não se apresentam mais como fontes de motivação, é evidente que se reorganizará, em plano mais elevado, a estrutura do conhecimento e as aspirações de extensão do meio, modificando, necessariamente, todas as concepções de educação.

Salvo os casos de neurose compulsiva, o objetivo dos indivíduos que acumulam riquezas é a diversão (mansões, festas, barcos, bebidas, turismo, etc.): acumular riquezas sem este objetivo é, evidentemente, uma doença mental... Ora, pode-se dizer que o objetivo de todos é a festa (donde a inveja que nos causa a vida "festiva" das populações primitivas que conseguiram razoável equilíbrio ecológico, no que se refere à manutenção). Fala-se, hoje, pejorativamente, em sociedade de consumo, quando o objetivo de todos é mesmo consumir (usufruir todos os bens: a capacidade de assimilação do ser humano é inesgotável, no que se diferencia dos animais). Os inimigos da sociedade de consumo sofrem uma doença que se assemelha ao masoquismo ("quem não gosta de luxo são os intelectuais" — diz Joãozinho Trinta). A "guerra" é provocada, precisamente, porque só uma parcela da população consome... Intuitivamente, os ditadores sabem que a revolta provém da falta de "pão e circo"...

A COOPERAÇÃO É UMA META TANTO PSICOLÓGICA, QUANTO SOCIOLÓGICA E POLÍTICA.

48. É perceptível a transformação das profissões clássicas (mesmo as de nível superior, sem falar na eliminação de profissões elementares pela automação) que de unidades heterogêneas de *know-how*, transformaram-se em especializações científicas (biólogo, físico, químico, geólogo, psicólogo, etc.), exigindo a formação de equipes polivalentes para configurar uma situação de fato (a chamada "cultura geral" passa a ser um "fenômeno de grupo"). Inúmeras atividades automatizadas (que figuravam como profissões) passam ao controle cibernético, dispensando-se cada vez mais a pura aprendizagem tecnológica (*know-how*).

A figura do "profissional autônomo" é cada vez mais anômala. As profissões caminharam em duas direções: a) inúmeras atividades manuais foram mecani-

zadas e automatizadas (a discussão sobre as relações entre o trabalho manual e o trabalho intelectual é, cada vez mais, um anacronismo); b) os profissionais tendem a nuclear-se em equipes polivalentes (até mesmo nas fábricas, a linha de produção criada para o controle da produção individual tende a transformar-se em "grupos de produção", fenômeno que só não conseguiu ainda descongelar o monolitismo da burocracia). A compulsão da sobrevivência individual, eliminada pelos elementos fornecidos pela ciência e a tecnologia, está provocando uma socialização também na área profissional (resta, apenas, fazer a reorganização da sociedade para que os bens trazidos pela ciência e tecnologia sejam distribuídos por todos, uma espécie de "reforma agrária" dos meios de produção).

A SOBREVIVÊNCIA, AO NÍVEL DAS NECESSIDADES BIOLÓGICAS, É A PLENITUDE DAS POSSIBILIDADES OPERATIVAS DO SER HUMANO.

49. Ora, sabemos que os teóricos de educação sempre tergiversaram, em todos os níveis do processo educativo, entre a prioridade dada à aprendizagem (no sentido de *learning*) ou à *formação* (no sentido de construção de estruturas operatórias). A psicologia moderna distingue hoje, realmente, estes dois tipos de atividade educativa: a) aquisições em vista da sobrevivência (habilidades que facilitem o trabalho e transformem o indivíduo em elemento produtivo); e b) equilibrações que levam aos processos lógico-matemáticos, com o detalhe de que as "aprendizagens" propriamente ditas podem reduzir-se a condicionamentos do mais baixo nível, em vista da necessidade irremovível de aquisição de *know-how*.

Existe uma discussão que vem dos gregos e romanos, quando se trata de definir educação, que consiste em decidir se "educação é instrução ou formação" (esqueçamos, aqui, que "formação" é derivado de "forma" e de "fôrma", o que insinua a construção de um "ator" ou de um "marionete"). De fato, a discussão é sobre educação "prática" (profissional) e educação "desinteressada" ("cultivo do espírito", como se dizia, antigamente, ou desenvolvimento das possibilidades operativas do indivíduo, independentemente, de um objetivo prático definido). O trabalho, tendendo para a linha de produção e para a reprodução indefinida de um modelo, é, intrinsecamente, embrutecedor (é lógico que há trabalhos criativos sobretudo na cúpula da organização da empresa e no artesanato). Como tal, limita a operatividade e o desenvolvimento do pensamento dialético (os problemas estão pré-resolvidos através de "técnicas", know-how, algoritmos, fórmulas, etc.). É preciso, pois, superar a "necessidade de trabalhar" para retomar-se a estimulação plena do exercício (atualização) das possibilidades implícitas no cérebro do homem...

O DESTINO DO HOMEM SÃO AS ESTRELAS
(HÁ MUITOS INDIVÍDUOS SEM VOCAÇÃO PARA SEREM HOMENS: SÃO ESTRANHOS ANIMAIS INFILTRADOS NA RAÇA HUMANA).

50. Se a utopia da superação do trabalho embrutecedor (este que se chama, na prática sociológica, *know-how*, "técnicas", modelos de produção, linha de produção, treinamento, formação profissional, etc.) vier a realizar-se, a educação do homem superará a dicotomia "instrução *vs.* formação" para encaminhar-se em duas novas direções: a) *método científico:* pleno conhecimento do real e conseqüente "domínio da natureza" (é rematada tolice o combate puro e simples à energia atômica, a mais formidável alavanca posta nas mãos dos homens para superar todos os condicionamentos que vinham impedindo sua "viagem para as estrelas"); b) *a plenitude da reflexão filosófica* (teoria dos valores): coordenação dos conhecimentos disponíveis em vista da expansão da construção do ser humano (a "profissionalização" é um "mal necessário" provisório que aguarda que a tecnologia seja posta a serviço da humanidade: reorganização da sociedade humana).

Hoje, está em moda combater o *"progresso"* (e, de raspão, a ciência: ora, a ciência é, simplesmente, um método para conhecer a realidade, com um mínimo de credibilidade e com mecanismos aceitáveis de prova). O homem é "um animal não especializado" (T. de Chardin) e, portanto, com capacidade infinita de sobrevivência (quanto mais especializado o organismo, mais vulnerável às mudanças ecológicas). Como tal, é um ser essencialmente dialético (isto é, criativo: construtor de si mesmo e de realidades novas). Há uma *"filosofia"* que se implantou em certos meios intelectuais segundo a qual o ideal é voltar ao primitivo (hippies), o que é a negação do mecanismo construtor do ser humano (a solução nunca está para traz, mas na frente). Quem não tem impulso para a criatividade permanente (construção de culturas e autotransformação: aumento da operatividade e abertura para novos possíveis) não é um *"ser humano"* (estacionou num grau qualquer do processo evolutivo).

APÊNDICES
Verificação do Nível de Desenvolvimento Mental

Conta-se que Binet (autor do primeiro teste de Q.I. = quociente intelectual), perguntado sobre "o que é a inteligência", respondeu: "aquilo que meu teste mede"... Piaget, quando moço, trabalhou no laboratório de Simon (colega de Binet) que o encarregou de estandardizar, em francês, um teste americano de inteligência. Como se sabe, a feitura de um teste de Q.I. consiste em fazer crianças responderem a determinadas perguntas (escolhidas de maneira, mais ou menos, aleatória). As perguntas que crianças de determinada idade não respondem são eliminadas como não correspondendo a este nível cronológico. As perguntas que a grande maioria de crianças de certa idade responde são consideradas como indicadoras desta idade, etc. etc. etc. Quando se aplica o teste, de fato, constata-se, apenas, que o testado responde bem às perguntas que foram estandardizadas para determinada idade. Como se vê o teste nada revela sobre a *estrutura da inteligência* (com a agravante de, quase sempre, ser verbal e com perguntas referentes a um tipo determinado de cultura). Piaget convenceu-se, nesta ocasião, de que este instrumento nenhuma validade tinha para avaliar o nível de desenvolvimento mental. Começou a conversar, exaustivamente, com as crianças ("método clínico" — como ele denominou). Piaget narra que se impressionou mais com os *erros* que com os *acertos* das crianças. Chocava-o a firmeza com que as crianças afirmavam um absurdo lógico (uma bola de massa amassada, em forma de broa, era vista pela criança como "tendo mais", não havendo argumentação que a convencesse do contrário; meses depois, a criança considerava absurdo que se fizesse tal pergunta, dada a evidência de que nada mudara; informada de que, meses antes, afirmara o contrário, negava, peremptoriamente, declarando: "eu sempre soube"). Piaget interpretou este fato como sendo resultado do "fechamento de uma estrutura", fechamento que produz amnésia do processo construtivo.

Do "método clínico" (para ele muito verbal), passou às provas de laboratório (situações em que a criança deve, primeiro, realizar uma atividade, só então, passando-se à conversação com a criança, para extrair dela os mecanismos mentais que a presidiram). A linguagem é um fenômeno de dupla construção: por um lado, procede, psicologicamente, da atividade sensoriomotora (a criança só fala quando o desenvolvimento da inteligência sensoriomotora vai bem adiantado); por outro lado, é um modelo de ação imposto (imitação) pelo grupo social adulto — a criança pode usar expressões que indicam relações ("sou primo de...") que ela não pode entender ainda, donde o perigo de avaliar-se a inteligência pela linguagem da criança.

Piaget descobriu um fato decisivo (que questiona o behaviorismo e os testes clássicos de Q.I.): uma resposta pode ter sido produzida pelos mais variados mecanismos mentais ("se peço a uma criança para fazer um hexágono, resta saber se a *performance* resultou de um instinto, de um hábito, de um *insight*, de uma intuição, de uma evocação ou imitação, de uma operação concreta ou de uma operação hipotético-dedutiva ou lógico-matemática"). A resposta em si, pois, nada diz sobre o que se passou na mente (daí o "método clínico" para tentar descobrir como agiu, mentalmente, a criança: *tomada de consciência*). O fato mais incisivo no desenvolvimento mental (fato que qualquer pessoa pode observar), é a passagem dos comportamentos prélógicos para os lógicos (Piaget, para surpresa dos lógicos, descobriu que a lógica resulta de longa construção). O mesmo ocorreu com o pensamento matemático. Aliás, com relação à matemática, nunca houve dúvidas sobre construção ("filiação das estruturas"), fato que ficou comprovado com a descoberta das "estruturasmães" pelos Burbarki. Para surpresa de todos, Piaget encontrou, no desenvolvimento da criança (mesmo em tenra idade), o embrião das três "estruturas-mães" que os matemáticos identificaram. Logo se percebeu que não só a linguagem caminha para a lógica (álgebra das proposições). A ação, também, se logiciza ("lógica das ações"). Mais: encontra-se o modelo da álgebra de Boole nas próprias redes neurônicas. O desenvolvimento da inteligência, portanto, é uma construção que caminha na direção do pensamento lógico-matemático. Aos poucos, Piaget foi identificando construção das estruturas lógicas e matemáticas (lógica das classes, grupos, redes, etc.). Piaget chama a atenção dos matemáticos para a impropriedade da expressão "intuições geométricas". Demonstrou que as "intuições" de número, de reta, de paralela, de medida, etc., resultam de longa e complexa embriologia. Deste modo, para avaliar o nível do desenvolvimento mental, Piaget começou a usar modelos lógico-matemáticos (evidentemente, esboços referentes às etapas da embriologia, o que causou surpresa geral). Para medir o desenvolvimento da inteligência sensoriomotora, por exemplo, valeu-se do "grupo dos deslocamentos" estudado por Poincaré e para a inteligência abstrata o "grupo das quaternalidades". O pensamento simbólico (sendo pré-lógico) não pode, evidentemente, ser observado com estes modelos, recorrendo Piaget às descobertas de Freud e Jung sobre o que eles chamaram de "inconsciente". Mas, o pensamento simbólico não é, segundo Piaget, especialidade do "inconsciente". É a forma geral pré-lógica de pensar, não depende de "repressão" de "recalques": é difícil de ser interpretado, simplesmente, porque não é codificado. Substituiu, simplesmente, o fato pelo símbolo, não para "camuflar", mas porque "é da natureza do pensamento simbólico substituir qualquer coisa por qualquer coisa", sem obedecer a nenhuma regra.

Através do desenho infantil, descobriu as etapas da construção da imagem mental e as primeiras articulações do pensamento intuitivo. Propôs, como modelo do pensamento operatório concreto, os "agrupamentos" lógicos. Criou uma pré-lógica e uma pré-matemática que iluminaram os desconhecidos desvãos do aparecimento das chamadas "intuições" (estruturas já *a priori* a partir das quais operam os lógicos e os matemáticos, sem indagarem sobre como elas surgiram).

Mas, "se a lógica é a inteligência, a inteligência não é, apenas, a lógica" — diz Piaget. O processo construtor não é a lógica (a lógica é o resultado final: "a lógica é a axiomática de que a psicologia é a ciência experimental" — diz Piaget). As estruturas lógicas são "fechamentos", ao longo do processo geral de construção (o processo de construção é um fenômeno dialético: "não existe uma lógica dialética, mas uma dialética da lógica" — diz Piaget). Contudo o processo construtor (dialético) vai ganhando maior abertura à medida que o pensamento vai-se operacionalizando, até abrir-se "para todos os possíveis", quando o desenvolvimento atinge o pensamento hipotético-dedutivo (o máximo de "fechamento" dedutivo corresponde, pois, ao máximo de "abertura" dialética, como se o "fechamento" dedutivo fosse uma academia em que se aprende esgrima para participar da batalha geral: afinal de contas, o pensamento é um instrumento de adaptação ao real, sendo de sua natureza a abertura). Deste modo, ao lado da avaliação das etapas que conduzem ao pensamento lógico-matemático (sem se falar do pensamento simbólico), elaboram-se situações em que a criança demonstre seu grau de criatividade ("abertura para os possíveis": pensamento dialético). No nível científico, por exemplo, cabe ao pensamento dialético tentar "infirmar" uma estrutura teórica (Karl Popper), pois erro lógico é, apenas, um acidente.

A avaliação do nível de desenvolvimento mental, desta forma, passou a ser *atividade científica* de alta complexidade. Com isto, Piaget enterrou, definitivamente, o trabalho empírico dos psicotécnicos, liquidando próspera indústria geradora de privilégios e de discriminações: classificação pelo Q.I. e a conseqüente "meritocracia" dos norte-americanos. Processa-se, atualmente, uma discussão internacional sobre a "hereditariedade da inteligência". Além de partir de bases teóricas insustentáveis, a discussão é, definitivamente, viciada por utilizar como medida da inteligência testes de Q.I. Os trabalhos de Piaget mostraram que não existem indivíduos mais ou menos inteligentes (salvo quando se trata de defeitos genéticos, como no mongolismo): existem níveis diversos de desenvolvimento mental provocado por acelerações ou frenagens devidas à maior ou menor riqueza estimuladora do meio em que a criança cresce ("cedo ou tarde, todas as crianças chegam à conclusão de que dois e dois são quatro").

A descoberta dos estádios de desenvolvimento mental, com suas características específicas, modifica radicalmente a abordagem dos indivíduos, não só com relação à escolha profissional, como, sobretudo, com relação à construção dos programas escolares. Não pode, por exemplo, o psicoterapeuta ou o psiquiatra interferir no processo mental, sem dispor de dados seguros sobre o nível de desenvolvimento mental do cliente (a criança em determinado nível de desenvolvimento mental, por exemplo, tem muitas das características da esquizofrenia, sem levar-se em conta que toda vida mental é, de certa forma, autista). Prevê-se o aparecimento de novo tipo de psicólogo (psicogeneticista), cuja função seja assessorar psicoterapeutas, educadores, encarregados de seleção de pessoal, etc., quanto aos problemas de desenvolvimento mental.

Avaliação como Validação do Trabalho Escolar

Cibernetização do processo escolar — Avaliação como capcioso mecanismo de coação — "Se o aluno não aprendeu, o professor não ensinou" — Sem retroefeito não há aperfeiçoamento do sistema — Todos os profissionais pagam por seus erros, menos o professor — Só o aluno pode avaliar a competência do professor — Os bons alunos aprendem apesar e à revelia da ineficiência do mestre.

O único tipo de trabalho em que a avaliação é ato autônomo (independente da própria atividade em curso) é o escolar. Em toda parte, os resultados obtidos, ao longo da tarefa, são, por si mesmos, o índice de avaliação. Na escola, não: trabalha-se, trabalha-se — e, certo dia... procede-se à avaliação que quase sempre produz surpresa em todos que estão envolvidos no processo!... A cibernética descobriu que o resultado da atividade deve entrar no próprio processo como retroefeito (*feedback*) a fim de manter-se determinado nível de produtividade. Ora, a cibernética está presente não só nos processos mecânicos, como nos biológicos, psicológicos e sociológicos: todo sistema autônomo, em funcionamento, é regido pela lei do retroefeito ou realimentação que mantém eficientes e eficazes os objetivos visados pelo sistema (auto-regulação). Onde não há retroefeito, realimentação ou *feedback*, a atividade pode "enlouquecer" ou tornar-se aleatória, como um navio sem bússola, no oceano. Todos os profissionais inteligentes e conscientes de sua responsabilidade medem sua eficiência e corrigem os seus erros mediante observação dos resultados de seu próprio trabalho. O médico sabe se está sendo bom profissional, se seus doentes se curam; o agrônomo mede sua capacidade pelo êxito que obtém na preparação das condições para que a agricultura floresça; o engenheiro ficaria desmoralizado, profissionalmente, se os prédios que constrói, caíssem. O professor, diferentemente de todos os demais profissionais, tem tanto mais reputação de eficiente quanto mais reprova os alunos!? Ora, sua função é, precisamente, fazer os alunos aprenderem (o aluno é para o professor como o doente para o médico, a semeadura para o agrônomo e o edifício para o engenheiro): "se o aluno não aprendeu, o professor não ensinou", dizem os norte-americanos no TWI. Jamais houve caso em que se atribuísse ao professor o fracasso do aluno: para o professor, se o aluno não aprende, é que não estudou... Contudo, não há conhecimento humano que um aluno normal não possa aprender ("não há alunos com dificuldades em matemática — diz Piaget — mas professores que ensinam mal a matemática a determinados alunos"). Os alunos que aprendem, fazem-no apesar e à revelia do professor, por alguma circunstância ainda pouco conhecida. Enquanto o professor não se convencer de que o fracasso do aluno (salvo em casos excepcionais de má formação congênita) é culpa sua... nada se fez em matéria de reformulação do processo educacional. A mente humana procura espontaneamente o conhecimento e é nesta tendência genética que se baseia o sistema educacional (não há um complô dos alunos para não aprenderem: há maus professores, simplesmente). Em algumas escolas militares, se os resultados dos exames se afastam da "curva de Gauss" (o que já é uma concessão à ineficiência dos professores, pois os resultados deveriam aproximar-se de 100%), o professor é submetido a um "inquérito pedagógico", velha mania dos militares de reduzir tudo a *culpa* ou *mérito*, sem levar em conta que não se trata de "pecado", mas de incompetência. Por que os professores não admitem que o fracasso de aprendizagem dos alunos é culpa sua? Simplesmente porque o sistema de avaliação usado nas escolas não tem por fim "avaliar", mas, estritamente, *ameaçar, amedrontar, forçar, castigar!* Através da atemorização o professor obtém dos alunos o que suas técnicas didáticas não conseguiram... Quando o professor reprova o aluno, pune-o por ser ele demonstração evidente da sua incapacidade profissional (é como se o médico castigasse o doente que atesta sua incompetência). Este processo de coação que obriga os alunos a aprenderem mesmo que o professor seja, totalmente, incapaz de ensinar, vem mantendo em funcionamento o sistema escolar com o mínimo de eficiência, sem que ninguém se lembre de examinar a capacidade real do magistério para conduzir o processo de aprendizagem. O resultado trágico é que o magistério não sente *necessidade de aperfeiçoar-se para enfrentar a opinião pública,* como ocorre com os demais profissionais (por hipótese, todo professor ensina bem, decorrendo os fracassos de aprendizagem da falta de esforço do aluno). Quando a imprensa, por exemplo, flagra um fracasso espetacular da aprendizagem (no vestibular, por exemplo), a única explicação que se encontra é a "vagabundagem dos alunos". Os cursos pré-primários vieram mostrar, claramente, que se a criança não progride, a culpa é do professor, pois não se pode atribuir à criança pequena esta falta de vontade de aprender! Tudo indica que o processo educacional, logo mais, será "cibernetizado", isto é, em vez de os alunos serem julgados pelos professores, *serão os professores julgados pelos alunos* (ou melhor: ao aluno será permitido manifestar sua opinião sobre o trabalho do professor, pois julgamento eles já fazem com o maior rigor e autenticidade). Após cada período de trabalho, o aluno será solicitado a avaliar a capacidade do professor, como orientador da aprendizagem (só as "vítimas" podem avaliar a eficiência dos que tentam educá-los). Se assim ocorrer, o professor estará em permanente processo de crítica (como os demais profissionais), cuidando de aperfeiçoar, continuamente, suas técnicas de trabalho. A avaliação, portanto, deve ser simplesmente o *feedback* mantenedor da alta eficiência e produtividade do mestre. Jamais, mecanismo de coação e de atemorização. Aliás, se o processo didático é dialético (criativo, heurístico), o *erro* (a que se agarram os professores, na avaliação) passa a fazer parte do processo (quem não pode errar é o professor). Se o sistema escolar fosse mesmo um processo de estimulação do desenvolvimento mental (e não adestramento domesticador dos jovens para conformá-los às regras, valores e símbolos da sociedade adulta), não haveria no processo escolar a categoria "autoridade", de que se valem os mestres para não se submeterem à avaliação feita pelos alunos. Um mestre autêntico deve ter curiosidade sobre como seu trabalho repercute na atividade do aluno (os atores, por exemplo, não funcionariam sem a vaia e o aplauso). Pode-se sistematizar, através de múltiplas e minuciosas categorias de análise, o pronunciamento dos alunos sobre o trabalho de professor. Com estas avaliações — através de anos seguidos de acumulação de informações — o professor teria a radiografia perfeita de sua capacidade profissional. A atividade escolar teria, assim, um mecanismo de *auto-regulação.*

NOVAS BUSCAS EM EDUCAÇÃO
VOLUMES PUBLICADOS

1. *Linguagem Total* — Francisco Gutiérrez.
2. *O Jogo Dramático Infantil* — Peter Slade.
3. *Problemas da Literatura Infantil* — Cecília Meireles.
4. *Diário de um Educastrador* — Jules Celma.
5. *Comunicação Não-Verbal* — Flora Davis.
6. *Mentiras que Parecem Verdades* — Umberto Eco e Marisa Bonazzi.
7. *O Imaginário no Poder* — Jacqueline Held.
8. *Piaget para Principiantes* — Lauro de Oliveira Lima.
9. *Quando Eu Voltar a Ser Criança* — Janusz Korczak.
10. *O Sadismo de Nossa Infância* — Org. Fanny Abramovich.
11. *Gramática da Fantasia* — Gianni Rodari.
12. *Educação Artística* — luxo ou necessidade — Louis Porches.
13. *O Estranho Mundo que se Mostra às Crianças* — Fanny Abramovich.
14. *Os Teledependentes* — M. Alfonso Erausquin, Luiz Matilla e Miguel Vásquez.
15. *Dança, Experiência de Vida* — Maria Fux.
16. *O Mito da Infância Feliz* — Org. Fanny Abramovich.
17. *Reflexões: A Criança — O Brinquedo — A Educação* — Walter Benjamim.
18. *A Construção do Homem Segundo Piaget* — Uma teoria da Educação — Lauro de Oliveira Lima.
19. *A Música e a Criança* — Walter Howard.
20. *Gestaltpedagogia* — Olaf-Axel Burow e Karlheinz Scherpp.
21. *A Deseducação Sexual* — Marcello Bernardi.
22. *Quem Educa Quem?* — Fanny Abramovich.
23. *A Afetividade do Educador* — Max Marchand.
24. *Ritos de Passagem de nossa Infância e Adolescência* — Org. Fanny Abramovich.

25. *A Redenção do Robô* — Herbert R'ad.
26. *O Professor que não Ensina* — Guido de Almeida.
27. *Educação de Adultos em Cuba* — Raúl Ferrer Pérez.
28. *O Direito da Criança ao Respeito* — Dalmo de Abreu Dallari e Janusz Korczak.
29. *O Jogo e a Criança* — Jean Chateau.
30. *Expressão Corporal na Pré-Escola* — Patricia Stokoe e Ruth Harf.
31. *Estudos de Psicopedagogia Musical* — Violeta Hemsy de Gainza.
32. *O Desenvolvimento do Raciocínio na Era da Eletrônica* — Os Efeitos da TV, Computadores e "Videogames" — Patrícia Marks Greenfield.
33. *A Educação pela Dança* — Paulina Ossona.
34. *Educação como Práxis Política* — Francisco Gutiérrez.
35. *A Violência na Escola* — Claire Colombier e outros.
36. *Linguagem do Silêncio* — Expressão Corporal — Claude Pujade-Renand.
37. *O Professor não Duvida! Duvida!* — Fanny Abramovich.
38. *Confinamento Cultural, Infância e Leitura* — Edmir Perrotti.
39. *A Filosofia Vai à Escola* — Matthew Lipman.
40. *De Corpo e Alma* — o discurso da motricidade — João Batista Freire.
41. *A Causa dos Alunos* — Marguerite Gentzbittel.
42. *Confrontos na Sala de Aula* — uma leitura institucional da relação professor-aluno — Julio Groppa Aquino.

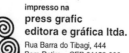

impresso na
press grafic
editora e gráfica ltda.
Rua Barra do Tibagi, 444
Bom Retiro – CEP 01128-000
Tels.: (011) 221-8317 – (011) 221-0140
Fax: (011) 223-9767